essentials

essentials liefern aktuelles Wissen in konzentrierter Form. Die Essenz dessen, worauf es als „State-of-the-Art" in der gegenwärtigen Fachdiskussion oder in der Praxis ankommt. *essentials* informieren schnell, unkompliziert und verständlich

- als Einführung in ein aktuelles Thema aus Ihrem Fachgebiet
- als Einstieg in ein für Sie noch unbekanntes Themenfeld
- als Einblick, um zum Thema mitreden zu können

Die Bücher in elektronischer und gedruckter Form bringen das Expertenwissen von Springer-Fachautoren kompakt zur Darstellung. Sie sind besonders für die Nutzung als eBook auf Tablet-PCs, eBook-Readern und Smartphones geeignet. *essentials:* Wissensbausteine aus den Wirtschafts-, Sozial- und Geisteswissenschaften, aus Technik und Naturwissenschaften sowie aus Medizin, Psychologie und Gesundheitsberufen. Von renommierten Autoren aller Springer-Verlagsmarken.

Weitere Bände in der Reihe http://www.springer.com/series/13088

Oliver Sporré

Supervision für Mediatorinnen und Mediatoren

Qualitätssicherung durch Beratung und Begleitung

 Springer

Oliver Sporré
Osnabrück, Deutschland

ISSN 2197-6708   ISSN 2197-6716   (electronic)
essentials
ISBN 978-3-658-30693-9   ISBN 978-3-658-30694-6   (eBook)
https://doi.org/10.1007/978-3-658-30694-6

Die Deutsche Nationalbibliothek verzeichnet diese Publikation in der Deutschen Nationalbibliografie; detaillierte bibliografische Daten sind im Internet über http://dnb.d-nb.de abrufbar.

Planung/Lektorat: Marion Kraemer
Springer ist ein Imprint der eingetragenen Gesellschaft Springer Fachmedien Wiesbaden GmbH und ist ein Teil von Springer Nature.
Die Anschrift der Gesellschaft ist: Abraham-Lincoln-Str. 46, 65189 Wiesbaden, Germany

Was Sie in diesem *essential* finden können

- Erläuterung des Begriffs Supervision und Abgrenzung von anderen Beratungsformen
- Welchen Nutzen Mediatoren aus der Teilnahme an einer Supervision ziehen können
- Welche Themen aus der Arbeit der Mediatoren in einer Supervision besprochen werden können
- Verhalten und Arbeitsweise in der Supervision
- Ablauf einer mediationsanalogen Supervision
- Darstellung unterschiedlicher Methoden in der mediationsanalogen Supervision

Inhaltsverzeichnis

1 Grundlagen der Supervision 1
  1.1   Einführung 1
  1.2   Begriffsklärung 1
  1.3   Kurze Geschichte der Supervision 2
  1.4   Erscheinungsformen 3
      1.4.1 Einzelsupervision 3
      1.4.2 Gruppensupervision 4
      1.4.3 Teamsupervision 4
      1.4.4 Organisationssupervision 4
  1.5   Einsatzgebiete 5
  1.6   Abgrenzung zum Coaching, zur Intervision und
      anderen Beratungsformen 5
      1.6.1 Intervision 6
      1.6.2 Coaching 6
      1.6.3 Klassische Beratung 6
      1.6.4 Organisationsberatung 7
      1.6.5 Psychotherapie 7

2 Gesetzliche Regelungen der Supervision für Mediatoren 9
  2.1   Mediationsgesetz 9
  2.2   Verordnung über die Aus- und Fortbildung von
      zertifizierten Mediatoren 9
  2.3   Richtlinien und Ausbildungsordnungen 10

3   Nutzen der Supervision für Mediatoren   13
  3.1   Warum Supervision?   13
  3.2   Reflexion und Verbesserung des beruflichen Handelns   13
      3.2.1   Kein Problem und kein Problemträger.   13
      3.2.2   Anzahl der Lösungsoptionen für einen Fall
               wird erhöht.   14
  3.3   Weitere Vorteile einer Gruppensupervision   17
      3.3.1   Rückhalt durch die Gruppe   18
      3.3.2   Entlastung durch Mitstreiter.   18
      3.3.3   Fachlicher Austausch   18
  3.4   Die Vorteile der Supervision auf einen Blick.   19

4   Themen für eine Supervision   21
  4.1   Einführung   21
  4.2   Herkunft und Benennung der Themen.   21

**5   Haltungen des Supervisors und der Mediatoren in der
Supervision**   25
  5.1   Keine allgemeingültigen Regeln, aber bestimmte
        Haltungen der Teilnehmer   25
  5.2   Dialog auf gleicher Augenhöhe   26
  5.3   Respekt vor der Perspektive des Supervisanden   26
  5.4   Die Vielfalt der Lösungsoptionen erhöhen.   26
  5.5   Orientierung am Anliegen des Supervisanden.   27
  5.6   Der Supervisor und die anderen Gruppenmitglieder
        verfügen nicht über bessere Zugänge zur Wirklichkeit   27

**6   Darstellung des Ablaufs einer (mediationsanalogen)
Supervision**   29
  6.1   Einführung   29
  6.2   Mediationsanaloge Supervision.   29
  6.3   Kontraktphase   30
  6.4   Sammeln und Auswählen der Beratungsthemen   31
  6.5   Formulierung von zwei Fragen durch den Supervisanden
        an die Gruppe.   32
  6.6   Fallerzählung   34
  6.7   Nachfragen durch den Supervisor und die Gruppe   35
  6.8   Hypothesenbildung   35

6.9   Auswahl der Hypothesen durch den Supervisanden   38
6.10   Sammeln und Notieren von Lösungsoptionen zu der vom
        Supervisanden gestellten Frage   39
6.11   Auswahl von Lösungsoptionen durch den Supervisanden.   41
6.12   Abschluss   42
6.13   Feedbackrunde zur Supervision.   43
6.14   Dauer der Supervision   44

7   Methodenvielfalt in der Supervision   47
    7.1   Die Blitzlichtsupervision   47
            7.1.1   Einführung   47
            7.1.2   Ablauf einer Blitzlichtsupervision   48
            7.1.3   Wesentliche Unterschiede zum Grundmuster   49
    7.2   Die Assoziationsmethode.   49
            7.2.1   Einführung   49
            7.2.2   Ablauf der Supervision unter Einschluss der
                    Assoziationsmethode   50

8   Fazit   51

Literatur.   55

Über den Autor

Oliver Sporré, Direktor des Amtsgerichts, Mediator, Coach und Supervisor (zertifiziert)

Grundlagen der Supervision

1.1 Einführung

Supervision hat in vielen Professionen seit längerer Zeit ihren festen Platz und gibt z. B. Psychologen, Theologen und Sozialarbeitern eine wichtige Hilfestellung in der Ausbildung und in ihrer täglichen Arbeit. Für etliche Mediatoren – soweit sie nicht aus Berufen kommen, für die Supervision angeboten wird – ist diese Unterstützungsform allerdings oftmals noch unbekannt und damit „unkartiertes" Gelände. Das Mediationsgesetz aus dem Jahr 2012 erwähnt die Supervision nur am Rande. Lediglich die Verordnung über die Aus- und Fortbildung von zertifizierten Mediatoren (ZMediatAusbV) vom 21.08.2016 enthält konkrete Regelungen für die Teilnahme von zertifizierten Mediatoren an Supervisionen.

1.2 Begriffsklärung

Definition des Begriffes

Nach der Definition der Deutschen Gesellschaft für Supervision (DGSv) ist Supervision (la-teinisch für *Über-Blick*) das wissenschaftlich fundierte, praxis-orientierte und ethisch gebundene Konzept für personen- und organisations-bezogene Beratung in der Arbeitswelt (DGSv, Standards für die Qualifizierung zur/zum Supervisor, https://www.dgsv.de; zuletzt abgerufen am 21.04.2020).

Diese Beratung wird von ausgebildeten Fachleuten (Supervisoren) mit dem Ziel durchgeführt, die Arbeit der Ratsuchenden (Supervisanden) zu reflektieren und zu verbessern. Damit sind sowohl die Arbeitsergebnisse zu den Kollegen und Kunden als auch organisatorische Zusammenhänge gemeint (Belardi 2018, S. 14).

© Springer Fachmedien Wiesbaden GmbH, ein Teil von Springer Nature 2020
O. Sporré, *Supervision für Mediatorinnen und Mediatoren,* essentials,
https://doi.org/10.1007/978-3-658-30694-6_1

▶ In der Supervision lernen die Supervisanden, ihr berufliches oder ehrenamtliches Handeln zu reflektieren, zu sichern und zu verbessern (Schibli und Supersaxo 2009, S. 21).

Dabei muss der Supervisor nicht zwingend aus dem Arbeitsbereich des Ratsuchenden stammen. Denn obwohl der Supervisor die Sitzung leitet, besteht zwischen ihm und dem Supervisanden kein Gefälle aufgrund eines Expertenwissens des Supervisors. Es findet vielmehr eine Beratung auf gleicher – horizontaler – Ebene statt. Daher ist Supervision auch keine (fachliche) Kontrolle oder eine themenbezogene Weiterbildung. Zwar mag bei der Supervision ein fachlicher Austausch stattfinden, dieser ist allerdings nicht das Hauptziel, sondern stellt vielmehr einen Nebeneffekt dar.

Bereits die Definition des Supervisionsbegriffs weist auf dessen Bedeutung für die Arbeit der Mediatoren hin. Auch sie können durch die Supervision ihr berufliches Handeln reflektieren und verbessern, so z. B. beim Umgang mit herausfordernden Beteiligten oder Situationen, bei Blockaden in der Mediation oder bei hocheskalierten Streitigkeiten (zu den Einzelheiten vgl. Kap. 3).

1.3   Kurze Geschichte der Supervision

Die heutige Form der Supervision hat mehrere geschichtliche Ursprünge. Im Zuge der Industrialisierung im 19. Jahrhundert kam es in den USA insbesondere in den größeren Städten zur Verarmung und Verelendung weiter Teile der Bevölkerung. Um die größte Not zu lindern, bildeten sich Hilfsorganisationen, deren Mitglieder Familien besuchten und diese in allen Bereichen des täglichen Lebens unterstützten. Diese Unterstützung war nicht nur finanzieller Natur, sondern sollte die Familien auch in eine gesellschaftlich gewünschte Richtung lenken. Die ehrenamtlichen „Besucher" wurden *„friendly visitors"* genannt. Die bezahlten Angestellten der Hilfsorganisationen („paid agents") waren für die Rekrutierung, Einarbeitung, Begleitung und auch die Schulung der ehrenamtlichen Besucher zuständig. Diese Unterstützung wird als Vorläufer der heutigen Supervision gesehen. Hervorzuheben ist, dass dieser Vorläufer der Supervision sowohl Elemente der *Kontrolle* als auch der *Unterstützung* enthält. In Deutschland stellten seit 1920 angehende Psychoanalytiker im Rahmen Ihrer Ausbildung einem erfahrenen Ausbilder ihre Fälle vor. Bei der Besprechung dieser Fälle wurde Fragen der Behandlung, das eigene Vorgehen und eigene Verstrickungen in der Gruppe besprochen, reflektiert und am Modell gelernt. In dieser Form der Begleitung der Ausbildung können bereits recht deutlich Elemente der *Gruppensupervision* wiedererkannt werden. Letztlich entwickelte der Psychiater und Psychoanalytiker Michael Balint in den 1940er Jahren in England eine Gruppenarbeit zur beruflichen Selbsterfahrung, um Ärzte zu schulen, ihre Person und ihr Gefühl als Instrument in der Behandlung von Patienten einzusetzen. Diese sog. *Balint-Gruppen* finden sich auch heute noch in zahlreichen Krankenhäusern und stellen einen wichtigen Betrag zur *Qualitätssicherung* dar.

Diese hier kurz und knapp skizzierten Anfänge der Supervision standen nicht isoliert nebeneinander, sondern haben sich gegenseitig bereichert und dazu beigetragen, dass die Supervision in ihrer heutigen Ausprägung entstanden ist. Nach dem 2. Weltkrieg entwickelte sich in den 1950er und 1960er Jahren endgültig die heutige Supervision, wobei sich die in den USA herausgebildete Supervision durch einen Vorgesetzen, die auch immer ein Stück Kontrolle beinhaltet, in Europa nicht durchgesetzt hat. Hier hatte und hat die Supervision in erster Linie die Aufgabe, für die fachliche Qualität und Reflexion der Supervisanden zu sorgen (van Kaldenkerken 2014, S. 18). Im Laufe der 1970er und 1980er Jahre weitete sich das Einsatzgebiet der Supervision über den Bereich der sozialen Arbeit aus und wurde auch von Mitgliedern anderer Berufe zur Verbesserung ihrer beruflichen Handlungsfähigkeit eingesetzt.

1.4   Erscheinungsformen

Supervisionen können in der Form der Einzel-, Team-, Gruppen- oder Organisationssupervision durchgeführt werden.

1.4.1   Einzelsupervision

Einzelsupervision findet zwischen dem Supervisanden und dem Supervisor statt. Einzelsupervision wird häufig von Führungskräften genutzt, die sich aus bestimmten Gründen nicht in eine Gruppen- oder Teamsupervision begeben wollen, weil sie sich aufgrund ihrer „Vorgesetztenfunktion" nicht mit den übrigen Mitgliedern des Teams austauschen können oder es keine Personen mit einer vergleichbaren Tätigkeit gibt.

1.4.2 Gruppensupervision

In der Gruppensupervision (auch: Fallsupervision) finden sich Teilnehmer aus verschiedenen Arbeitsfeldern und Institutionen zusammen, um sich mit ähnlichen, alle Mitglieder der Gruppe betreffenden Fragestellungen auseinanderzusetzen. So können ausgebildete Mediatoren die regelmäßige Gruppensupervision zur Entwicklung ihrer Professionalität, zur Vergewisserung ihres eigenen Vorgehens, zur Reflexion, zur Vermeidung von Verstrickungen mit den Medianten und zur Burnout-Prophylaxe nutzen (van Kaldenkerken 2014, S. 26). Im Unterschied zur Einzelsupervision bietet die Gruppensupervision die Möglichkeit, von den Erfahrungen anderer Teilnehmer zu profitieren und auch den Gruppenprozess für die persönliche Lernentwicklung zu nutzen (van Kaldenkerken 2014, S. 26). Der Ablauf einer solchen Gruppensupervision wird in diesem Buch ausführlich besprochen (vgl. Kap. 6).

1.4.3 Teamsupervision

Die Teamsupervision ist eine besondere Ausprägung der Gruppensupervision für gemeinsam arbeitende Teams, z. B. in einer Abteilung eines Unternehmens oder einer Behörde. Dabei stehen die gemeinsame Handlungsfähigkeit, die Überprüfung und die Verbesserung der Aufgaben, der Arbeitsteilung und der Kooperation an den Schnittstellen sowie die Kommunikation zu beruflichen Themen in Bezug auf die bestmögliche Versorgung, Beratung oder Betreuung der Kunden im Mittelpunkt der Reflexion (van Kaldenkerken 2014, S. 26). Für Mediatoren dürfte diese Form der Supervision nur dann in Betracht kommen, wenn sie in eine Abteilung eingebunden sind und die Beratung für die Verbesserung der Zusammenarbeit mit den übrigen Mitgliedern genutzt werden soll.

1.4.4 Organisationssupervision

Bei dieser Form der Supervision beschäftigen sich Teams, Abteilungen oder Führungskräfte mit überwiegend organisationsrelevanten Fragestellungen. In der Organisationssupervision geht es zumeist um die Rückkopplung der Führungsebene eines Unternehmens mit deren Organisation. Denn nur wenn die Organisation an Lernprozessen beteiligt ist, kann es gelingen, organisatorische Veränderungen einzuleiten, die zu mehr Effektivität, Arbeits- und Kundenzufriedenheit führen (van Kaldenkerken 2014, S. 28).

1.5   Einsatzgebiete

Bereits die unter Abschn. 1.2 gegebene Definition des Begriffs Supervision deutet darauf hin, dass sich diese für (fast) jeden beruflichen Bereich eignet, da immer die Reflexion und Verbesserung des eigenen Handelns im Mittelpunkt steht. Daher verwundert es, dass auf vielen Tätigkeitsfeldern die Supervision nicht oder erst in den letzten Jahren – nach großem anfänglichen Zögern – genutzt wird. Seit langem ist die Supervision bei den Sozialarbeitern und Sozialpädagogen sowie Ärzten bekannt und wird dort praktiziert (siehe auch Abschn. 1.2). Auch Psychotherapeuten, Lehrer oder Pfarrer kennen diese Form der Beratung. Dagegen steht die Verbreitung der Supervision in der Wirtschaft oder im Öffentlichen Dienst – von Ausnahmen abgesehen – noch am Anfang. Dort ist vielmehr das Coaching verbreitet, wobei gelegentlich der Verdacht besteht, dass dieser Begriff nur genutzt wird, weil er „en vogue" ist und unter diesem Label letztlich doch Supervision angeboten wird. Aktuell nimmt die Supervision mit der Justiz einen Bereich ein, in dem es vor wenigen Jahren noch undenkbar war, die Hilfe eines Außenstehenden (Supervisor) und einer Gruppe („die Kollegen") in Anspruch zu nehmen, um das eigene berufliche Handeln zu reflektieren.

In meiner praktischen Arbeit als Supervisor habe ich festgestellt, dass sich fast ausnahmslos alle Mediatoren sehr aufgeschlossen gegenüber der Supervision zeigen. Mediatoren lernen in ihrer Ausbildung, Konflikte zu analysieren, zu reflektieren und zu verbalisieren. Ihnen ist bewusst, dass es nicht nur die eine richtige Sichtweise auf einen Konflikt gibt und nur durch ein Zusammenwirken mehrerer gute Ergebnisse erzielt werden. Nirgendwo anders zeigt sich das so deutlich, wie in der 4. Phase einer Mediation, in der alle Konfliktparteien aufgerufen sind, durch die Nennung von Lösungsoptionen zu einer Beilegung des Konfliktes beizutragen. Hier finden sich viele Parallelen zur Supervision, sodass diese für die Mediatoren ein ideales Einsatzgebiet ist (siehe auch Kap. 3).

1.6   Abgrenzung zum Coaching, zur Intervision und anderen Beratungsformen

Die Supervision kann zu anderen Beratungsformen nicht immer trennscharf abgegrenzt werden, da alle Beratungsformen in unterschiedlicher Ausprägung angewendet werden und daher die Übergänge fließend sind. Zum Teil werden für ein und dieselbe Beratungsform auch unterschiedliche Begriffe verwendet, was zu zusätzlichen Verwirrungen führt. Ohne vertieft in die Einzelheiten gehen zu wollen, werden nachfolgend die grundsätzlichen Unterschiede herausgearbeitet, um dem Anwender eine Orientierung zu geben.

1.6.1　Intervision

Intervision – oft auch als kollegiale Beratung bezeichnet – ist ein strukturiertes Beratungsgespräch in einer Gruppe von Gleichgestellten, in der ein Teilnehmer von den übrigen Teilnehmern nach einem feststehenden Ablauf nach verteilten Rollen beraten wird, Lösungen in einer beruflichen Schlüsselfrage zu entwickeln (Tietze 2013, S. 11). Die zur Beratung gestellten Themen sind dabei breit gefächert: unter anderem die eigene Persönlichkeit, Werte und Normen, der Klient oder das gesamte Klientensystem oder methodisches Handeln. Im Unterschied zur Supervision fehlt ein professioneller Supervisor, der die Beratung leitet und die Teilnehmer in der Lösungssuche unterstützt.

1.6.2　Coaching

Der Begriff Coaching ist schillernd und wird als Sammelbegriff für unterschiedliche Beratungsmethoden (Einzelcoaching, Teamcoaching, Projektcoaching) verwendet. Zumeist werden im Coaching berufliche Themen bearbeitet, wobei der Coach keine eigenen Lösungsvorschläge unterbreitet, sondern den Coachee (der zu Beratende) anleitet, eigene Lösungsvorschläge zu erarbeiten. Eine genaue Grenzziehung zur Supervision ist nicht immer möglich. Oft wird eine Beratung unter professioneller Anleitung in pädagogischen oder sozialen Berufsfeldern „Supervision" genannt, während in der Wirtschaft dagegen oft der Begriff „Coaching" verwendet wird (Tietze 2013, S. 39). Die Deutsche Gesellschaft für Supervision (DGSv) benutzt die Begriffe Supervision und Coaching synonym.

1.6.3　Klassische Beratung

Der (klassische) Berater steht zum Beratenden in einem „vertikalen" Verhältnis (Schlee 2019, S. 20). Der Berater tritt als Experte für ein bestimmtes Fachgebiet auf und es besteht zwischen ihm und dem Ratsuchenden ein deutliches Wissensgefälle. Legitimiert durch seine Fachkompetenz steuert hauptsächlich der Berater das Beratungsgeschehen, dem sich der Ratsuchende weitgehend anvertrauen muss. Ein Beratungserfolg kommt dann zustande, wenn es dem Berater gelingt, mithilfe seines Fachwissens, bei dem zu Beratenden (fachliche) Defizite auszugleichen (Schlee 2019, S. 21).

1.6.4   Organisationsberatung

Die Organisationsberatung befasst sich hauptsächlich mit Strukturänderungen und Entwicklungsprozessen, die die Organisation als Ganzes betreffen. Das Ziel besteht darin, die Leistungsfähigkeit der Mitglieder der Organisation auf die gesamte Aufgabenerfüllung zu optimieren (Schibli und Supersaxo 2009, S. 248).

1.6.5   Psychotherapie

Psychotherapie (von griechisch ψυχή *psyché* ‚Atem, Hauch, Seele' und θεραπεύειν *therapeúein* ‚pflegen, sorgen') ist eine Tätigkeit zur Feststellung, Heilung oder Linderung von psychischen Störungen mit Krankheitswert. Solche Krankheitsbilder können unter keinen Umständen Gegenstand einer Beratung durch Supervision, Intervision und Coaching sein. Den Supervisoren und Coaches obliegt die Aufgabe, die Ungeeignetheit zu erkennen und die Beratung abzulehnen oder abzubrechen. Schwierigkeiten kann es insofern bei der Intervision geben, da es dem nicht professionell Ausgebildeten zuweilen schwerfallen kann, eine psychische Störung zu erkennen.

Was ist Supervision?

Supervision ist eine wissenschaftlich fundierte Beratung in der Arbeitswelt, in der unter Anleitung eines Supervisors der Supervisand sein berufliches Handeln reflektieren und verbessern kann. Sie hat mehrere geschichtliche Ursprünge, die in Nordamerika und Europa liegen, die nur bedingt mit der heutigen Form der Supervision vergleichbar sind. Diese hat sich durch zahlreiche gesellschaftliche Veränderungen und der gegenseitigen Beeinflussungen der Strömungen in Nordamerika und Europa ergeben. Auch heute gibt es keine gesetzliche Definition des Begriffs, sodass es immer wieder zu Abgrenzungsschwierigkeiten mit anderen Beratungsformen (z. B. Intervision, Coaching) kommt. Die Supervision wird in den Formen der Einzel-, Gruppen-, Team- und Organisationssupervision praktiziert. Die Supervision kann auf allen beruflichen Feldern zum Einsatz kommen und ist für Mediatoren besonders geeignet. ◀

Gesetzliche Regelungen der Supervision für Mediatoren

2

2.1 Mediationsgesetz

Die Supervision für Mediatoren wird im Mediationsgesetz nur am Rande erwähnt. Lediglich § 5 Abs. 1 S. 2 Nr. 5 MediationsG bestimmt, dass eine geeignete Ausbildung zum Mediator praktische Übungen, Rollenspiele und Supervision vermitteln soll. Wie diese Vermittlung von Supervision aussehen und in welchem Umfang sie stattfinden soll, bleibt im Dunkeln. Daher dürfte die Erwähnung der Supervision an dieser Stelle eher appellativen Charakter haben (Greger und Unberath 2016, § 5 MediationsG, Rn. 8).

2.2 Verordnung über die Aus- und Fortbildung von zertifizierten Mediatoren

Dagegen regelt § 2 Abs. 2 der Verordnung über die Aus- und Fortbildung von zertifizierten Mediatoren (ZMediatAusbV) vom 21.08.2016 (in Kraft getreten am 01.09.2017), dass sich die Ausbildung zum zertifizierten Mediator aus einem Ausbildungslehrgang und einer Einzelsupervision im Anschluss an eine als Mediator oder Co-Mediator durchgeführte Mediation zusammensetzt. Die Teilnahme an der Supervision muss nach § 2 Abs. 5 ZMediatAusbV während des Ausbildungslehrgangs oder innerhalb eines Jahres nach dessen erfolgreicher Ausbildung erfolgen. Die Bescheinigung über den erfolgreichen Abschluss zum zertifizierten Mediator darf nach § 2 Abs. 6 ZMediatAusbV erst ausgestellt werden, wenn der Ausbildungslehrgang, aber auch die Einzelsupervision durchgeführt worden sind. Auch im Rahmen der Fortbildung muss der zertifizierte Mediator in regelmäßigen Abständen Einzelsupervisionen durchführen. Nach § 4

© Springer Fachmedien Wiesbaden GmbH, ein Teil von Springer Nature 2020
O. Sporré, *Supervision für Mediatorinnen und Mediatoren*, essentials,
https://doi.org/10.1007/978-3-658-30694-6_2

Abs. 1 S. 1 ZMediatAusbV hat er innerhalb der zwei auf den Abschluss seiner Ausbildung folgenden Jahre mindestens viermal an einer Einzelsupervision teilzunehmen. Allerdings gibt es gegen die Regelung in der ZMediatAusbV einige Bedenken: Denn im Umkehrschluss ist aus § 4 Abs. 1 S. 1 ZMediatAusbV zu folgern, dass nach Ablauf der vorgenannten Frist von 2 Jahren die Pflicht des zertifizierten Mediators, an einer Supervision teilzunehmen, entfällt. Gründe für diese Befristung, die im Gegensatz zur unbefristeten Verpflichtung zur Teilnahme an Fortbildungsveranstaltungen steht (vgl. § 3 Abs 1 ZMediatAusbV), sind nicht ersichtlich, da das Bedürfnis und die Notwendigkeit zur Supervision nicht 2 Jahre nach Abschluss der Ausbildung endet. Eine wirksame Qualitätssicherung verlangt vielmehr, dass sich auch erfahrenere (zertifizierte) Mediatoren verpflichtend einer Supervision unterziehen. Weiter wäre es wünschenswert gewesen, dass wie bei den Fortbildungseinrichtungen gemäß § 5 ZMediatAusbV bestimmte Anforderungen an die Ausbildung des Supervisors, die die Supervision bei den Mediatoren durchführen, gestellt worden wären, was ebenfalls zur Qualitätssicherung der Ausbildung der Mediatoren beigetragen hätte. Letztlich ist die Beschränkung auf Einzelsupervision zu nennen, da dadurch die in Abschn. 3.3. genannten Vorteile einer Gruppensupervision ungenutzt bleiben.

2.3   Richtlinien und Ausbildungsordnungen

Etliche Anbieter von Mediationsausbildungen versuchen, diese Regelungslücke im Gesetz zu schließen, indem sie eine Supervisionsteilnahme in ihre Ausbildungsordnungen aufnehmen. So sieht die Ausbildungsordnung der Bundes-Arbeitsgemeinschaft für Familien-Mediation (BAFM) unter IV. 4. die Teilnahme an Superversionen vor:

> Die Supervision wird als Gruppensupervision oder in Einzelsupervisionen durchgeführt. Die eigenständige Gruppenarbeit bezieht sich auf Erfahrungsaustausch und Literaturstudium. (…) Die Supervisoren gehören entweder einem Ausbildungsinstitut an oder werden von diesem bestellt, Hospitationen werden bei Institutionen oder Personen anerkannt, die von den Ausbildungsinstituten bestätigt sind. (www.bafm-mediation.de/ausbildung/ausbildungs-richtlinien/ausbildungsordnung-der-bafm-fur-familien-mediation/ – zuletzt abgerufen am 10.04.2020).

Gesetzliche Regelungen für Supervision

Gesetzliche Vorschriften, die alle Mediatoren verpflichten, regelmäßig an einer Supervision teilzunehmen, bestehen nicht. Lediglich in der Verordnung über die Aus- und Fortbildung von zertifizierten Mediatoren finden sich Regeln, die während der Ausbildung zum zertifizierten Mediator und in den ersten zwei Jahren seiner Tätigkeit eine Pflicht zur Teilnahme an einer Supervision vorsehen. Diese Lücke versuchen einige Anbieter von Mediationsausbildungen zu schließen, indem sie in ihren Ausbildungsordnungen die Teilnahme an einer Supervision vorsehen.

Nutzen der Supervision für Mediatoren 3

3.1 Warum Supervision?

Um regelmäßig an einer Supervisionsrunde teilzunehmen, muss der Supervisand nicht unerhebliche Zeit und auch finanzielle Mittel (Fahrtkosten, Entlohnung des Supervisors) investieren. Zudem bedeutet es für viele auch eine Überwindung, gegenüber einem Supervisor oder der mitberatenden Gruppe von seinen Herausforderungen oder auch seinen Schwächen in bestimmten beruflichen Konstellationen zu berichten. Dem muss ein Mehrwert der Supervision gegenüberstehen und im besten Fall muss dieser bei weitem überwiegen. Daher sollen in diesem Kapitel die Vorteile der Supervision für Mediatoren vorgestellt werden.

3.2 Reflexion und Verbesserung des beruflichen Handelns

3.2.1 Kein Problem und kein Problemträger

Eines vorweg: In der Supervision – und auch in den übrigen Beratungsformen – wird nur sehr ungern von einem „Problem" gesprochen. Denn dieses Wort bewertet das Thema und ordnet den Supervisanden als „Problemträger" ein. In der Supervision wird vielmehr von einem Fall gesprochen, den der Supervisand vorstellt. Dieser wird dann nach einem bestimmten System in der Gruppe mit dem Supervisor beraten und am Ende werden dem Supervisanden Lösungsoptionen benannt. Der Supervisand ist dann frei, ob er die Option „annimmt" und ggf. in der Praxis anwendet (zu den Einzelheiten des Beratungsablaufs vgl. Kap. 6).

© Springer Fachmedien Wiesbaden GmbH, ein Teil von Springer Nature 2020
O. Sporré, *Supervision für Mediatorinnen und Mediatoren*, essentials,
https://doi.org/10.1007/978-3-658-30694-6_3

3.2.2 Anzahl der Lösungsoptionen für einen Fall wird erhöht

Der primäre Nutzen einer Supervision ist, dass der Supervisand aus einer Vielzahl von möglichen Lösungen für seinen Fall und seine berufliche Situation auswählen kann. Nach aller Erfahrung ist die Anzahl der angebotenen Lösungsmöglichkeiten in der Gruppe um ein Vielfaches höher, als wenn der Supervisand sich selbst eine Lösung überlegt oder sich ohne feste Struktur von einigen Kollegen „beraten" lässt. Durch die zusätzlichen Lösungsoptionen gelingt dem Supervisanden ein professioneller Umgang mit schwierigen Situationen. Zudem führt die Sichtweise der anderen Gruppenteilnehmer bei dem Supervisanden zu einer Erweiterung seiner Wahrnehmungsfähigkeit (Beseitigung „blinder Flecke"), zu einer Persönlichkeitsentwicklung und letztlich zu einer Verbesserung seiner Kooperations- und Kommunikationsfähigkeit.

Bevor auf die einzelnen Vorteile der Supervision genauer eingegangen wird, soll anhand des „Johari-Fensters" erläutert werden, warum die ergänzende strukturierte Sichtweise Dritter auf einen vom Supervisanden gestellten Fall derart hilfreich ist.

Das Johari-Fenster und unsere blinden Flecke

Die amerikanischen Sozialpsychologen Joseph Luft und Harry Ingham entwickelten 1955 das sogenannte Johari-Fenster, mit dem die Unterschiede zwischen der Selbst- und Fremdwahrnehmung deutlich gemacht werden und aufgezeigt wird, mit welchen Mitteln diese verringert werden können.

Das Johari-Fenster ist viergeteilt und unterscheidet zum einen, was anderen bekannt und unbekannt ist und zum anderen, was mir selbst bekannt oder unbekannt ist (vgl. Abb. 3.1): Das Verhalten, welches sowohl mir als auch den anderen bekannt ist, zeichnet mich als öffentliche Person aus.

> **Beispiel**
>
> Sowohl mir als auch anderen ist bekannt, welchen Beruf ich ausübe. ◄

Andererseits gibt es Verhaltensweisen die nur mir, aber nicht anderen bekannt sind. Insofern agiere als Privatperson.

> **Beispiel**
>
> Nur mir ist bekannt, dass ich spielsüchtig bin. ◄

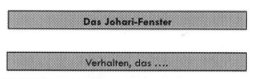

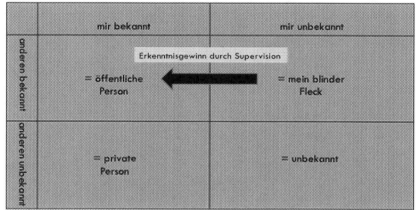

Abb. 3.1 Johari-Fenster

Eine weitere Kategorie umschreibt das Verhalten, das sowohl mir als auch anderen unbekannt ist.

Beispiel

Hierzu gehört eine von allen unentdeckte Leidenschaft oder Begabung. ◄

Letztlich gibt es den Bereich, in dem mein Verhalten anderen bekannt, aber mir unbekannt ist.

Beispiel

Ich unterbreche ständig andere Personen im Redefluss, ohne dass mir dies bewusst ist. ◄

Bei dem letztgenannten Teil des Fensters handelt es sich um die eigenen blinden Flecke. Da unsere Wahrnehmungsfähigkeit begrenzt ist, besitzt jeder von uns solche blinden Flecke, wenn auch in einem unterschiedlichen Umfang.

Ein blinder Fleck kann in der Supervision durch die Mithilfe der Gruppenmitglieder verkleinert werden bzw. in bestimmten Fällen gänzlich verschwinden.
Wenn nämlich die Gruppenmitglieder dem Supervisanden aufzeigen, wie er bzw.
wie sein Verhalten in einer bestimmten Situation auf sie wirkt, kann er sein ihm
bisher unbekanntes Verhalten reflektieren und für sich überprüfen, ob er dieses
verändern möchte. Die Informationen der Gruppenmitglieder helfen daher dem
Supervisanden, sich selbst besser kennen- und verstehen zu lernen. Zudem hat
er die Möglichkeit, für sich selbst herauszufinden, in welche Richtung er sich
weiterentwickeln möchte. Daher sind die Beseitigung von blinden Flecken und
die damit einhergehende Erweiterung der Wahrnehmungsfähigkeit bei dem
Supervisanden wichtige Aufgaben in der Supervision.

Entwicklung konkreter Handlungsoptionen

Bevor der Supervisand sich in eine Supervision begibt, hat er sich regelmäßig
bereits Gedanken über den beruflichen (Mediations-) Fall, den er vorstellen
möchte, gemacht und sich Handlungsoptionen überlegt. Oftmals betrachtet er
diese selbstentwickelten Handlungsoptionen als nicht hinreichend oder möchte
erreichen, dass er aus einem noch größeren Pool an Lösungsoptionen die heraus-
suchen kann, die er für die Lösung seines Falles am geeignetsten hält. Sofern
er sich vorab bereits mit den Grundsätzen des Johari-Fensters beschäftigt hat,
wird er auch wissen, dass er aufgrund seines blinden Flecks nicht selbst alle
geeigneten Lösungsoptionen für seinen Fall entwickeln kann. Da die blinden
Flecke bei jedem Menschen verschieden sind, kann der Supervisand durch
die Inanspruchnahme einer Gruppensupervision von den anderen Gruppenmitgliedern Lösungsoptionen für seinen Fall aufgezeigt bekommen, an die er
selbst nicht gedacht, die für ihn aber dennoch nützlich sein können. Wichtig ist
allerdings, dass der Supervisor darauf hinweist, dass die von den Gruppenmitgliedern entwickelten Lösungsoptionen lediglich Angebote an den Supervisor
darstellen und es von keiner Seite einen Zwang gibt, diese Lösungsoptionen
anzunehmen oder gar umzusetzen. Insofern wird in der Supervision auch von
Geschenken der Gruppenmitglieder an den Supervisanden gesprochen. Dieser ist
frei, ob und ggf. welche dieser Geschenke er annimmt.

Erweiterung der Wahrnehmungsfähigkeit

Die Erweiterung der Wahrnehmungsfähigkeit durch die Supervision ist mit der Darstellung des Johari-Fensters bereits weitgehend erläutert. In die Lösung des Falles
fließt nicht nur die eigene Wahrnehmung des Supervisanden ein, sondern auch die

der Gruppenmitglieder unter Anleitung des Supervisors. Durch die Beiträge der Gruppenmitglieder erhält der Supervisand einen zusätzlichen Blick auf den von ihm dargestellten Fall und erweitert dadurch seine Wahrnehmungsfähigkeit.

Professioneller Umgang mit schwierigen Situationen
Dieser Vorteil folgt zwanglos aus der Entwicklung weiterer konkreter Handlungsoptionen und der Erweiterung der Wahrnehmungsfähigkeit. Die Erfahrung zeigt, dass der Mediator mit einer schwierigen Situation gelassener und professioneller umgeht, wenn er diese zuvor aus mehreren Blickwinkeln betrachtet hat, zahlreiche Lösungsoptionen in seinem beruflichen Werkzeugkasten hat und sicher ist, dass er zumindest einige seiner blinden Flecke erkannt oder beseitigt hat.

Persönlichkeitsentwicklung
Durch die Sicherheit aufgrund von weiteren Handlungsoptionen, die erweiterte Wahrnehmungsfähigkeit und dem wiederholten professionellen Umgang mit schwierigen Situationen kommt es bei dem Supervisanden zu einer positiven Persönlichkeitsentwicklung, die sich im Sinne einer Wechselwirkung auch wieder auf sein berufliches Verhalten auswirkt.

Verbesserung der Kommunikations- und Kooperationsfähigkeit
Letztlich wird durch die Beratung in der Supervision und die damit einhergehende Verringerung blinder Flecke das Verständnis für die Sichtweisen der anderen Beteiligten, zum Beispiel in einer Mediation, und die Fähigkeit auf diese entsprechend zu reagieren, gesteigert. Dies führt zu einer verbesserten Interaktion mit den anderen aufgrund einer gewachsenen Kommunikations- und Kooperationsfähigkeit.

3.3   Weitere Vorteile einer Gruppensupervision

Neben diesen Hauptnutzen finden sich bei der (Gruppen-)Supervision weitere Vorteile für den Supervisanden, aber auch für die übrigen Teilnehmer. Denn nicht nur der Supervisand profitiert von der Beratung, sondern auch die Beratenden selbst.

3.3.1 Rückhalt durch die Gruppe

Die Anteilnahme, die Unterstützung und das Verständnis durch die anderen
Gruppenmitglieder wirken ermutigend für die eigene berufliche Praxis. Das
Vertrauen in die eigenen Fähigkeiten wird gestärkt, indem dem Supervisanden
ermöglicht wird, sich in einem geschützten Rahmen von destruktiven Selbst-
bildern zu lösen und konstruktivere Lösungsoptionen mit der Gruppe zu entwickeln (Tietze 2013, S. 24).

3.3.2 Entlastung durch Mitstreiter

Die Supervisanden erhalten nicht nur Lösungen für die eigene Praxis und alternative Möglichkeiten für eingefahrene Handlungsmuster. Durch die Reaktionen
der anderen Gruppenmitglieder erleben sie gleichzeitig, dass sie mit ihren
beruflichen Problemen nicht alleinstehen. Ähnlich entlastend wirken die Fall-
schilderungen und Problemlöseprozesse anderer Supervisanden. Hier erfahren
sie, wie sich diese ebenfalls mit beruflichen Problemen, Unsicherheiten und
Interaktionskonflikten auseinandersetzen müssen, für die sie Lösungen suchen.
Sie entdecken Parallelen in den berichteten Fällen, in Einstellungen und in
Rollenkonstellationen. Daraus entstehen verbindliche Gemeinsamkeiten mit den
anderen Gruppenmitgliedern, die von einigem Druck befreien können (Tietze
2013, S. 25).

3.3.3 Fachlicher Austausch

Indem die Teilnehmer über ihre Arbeit berichten, findet zwischen ihnen in
gewissem Umfang auch ein strukturierter fachlicher Austausch statt. Sie erfahren
von den Vorgehensweisen, Strukturen und Abläufen anderer Mediatoren und
haben dadurch die Möglichkeit, diese mit ihren eigenen Fertigkeiten abzu-
gleichen und gegebenenfalls zu übernehmen (Tietze 2013, S. 25).

3.4 Die Vorteile der Supervision auf einen Blick

▷ Definition

- Entwicklung konkreter Handlungsoptionen
- Professioneller Umgang mit schwierigen Situationen
- Erweiterung der Wahrnehmungsfähigkeit
- Persönlichkeitsentwicklung
- Verbesserung der Kommunikations- und Kooperationsfähigkeit
- Rückhalt durch die Gruppe
- Entlastung durch Mitstreiter
- fachlicher Austausch

Fazit

Dem Aufwand, der eine Teilnahme an einer Supervision zwangsläufig mit sich bringt, stehen zahlreiche Vorteile und ein großer Nutzen für die berufliche Tätigkeit des Supervisanden gegenüber. Neben den in der Supervision entwickelten Lösungsoptionen zum gestellten Fall, kommt es oftmals zu einer Weiterentwicklung bei den Kernkompetenzen des Mediators, z. B. zu einem professionelleren Umgang mit schwierigen Situationen oder einer Erweiterung der Wahrnehmungsfähigkeit. Diese Erfahrungen kann der Mediator nicht nur bei dem vorgestellten Fall, sondern bei allen zukünftigen von ihm geleiteten Mediationen einbringen.

Themen für eine Supervision 4

4.1 Einführung

Nehmen Supervisanden erstmals an einer Supervision teil, entsteht oftmals Ratlosigkeit, welche Themen überhaupt benannt werden können. Teilweise besteht auch eine Scham des Supervisanden, ob sein Thema es überhaupt „wert" ist, durch einen Supervisor und die anderen Teilnehmer der Gruppe beraten zu werden. Die Folge ist, dass zunächst keiner der Teilnehmer ein Thema benennt und alle hilfesuchend den Supervisor anschauen. Es ist dann Aufgabe des Supervisors, das Eis zu brechen und deutlich zu machen, dass jedes Thema eines Teilnehmers wichtig ist und beraten werden kann. Haben die Supervisanden nach einiger Zeit Erfahrung mit der Supervision gesammelt und Vertrauen gefasst, sprudeln die Themen fast von allein. Hier wird also vom Supervisor Einfühlungs- und Durchhaltevermögen verlangt.

4.2 Herkunft und Benennung der Themen

Themen einer Supervision können praktisch allen Berufsfeldern entstammen, so auch dem Bereich der Mediation. Jeder Mediator kann aus Situationen vor, während und nach einer Mediation berichten, in der er vor einer besonderen fachlichen oder menschlichen Herausforderung stand und für die er eine Lösung finden musste oder noch finden muss.

Beispiele

- Schwierigkeiten oder Erfolglosigkeit bei der Akquise von Fällen;
- Überdurchschnittliche hohe Zahl von Abbrüchen in der Mediation durch die Medianten;

© Springer Fachmedien Wiesbaden GmbH, ein Teil von Springer Nature 2020
O. Sporré, *Supervision für Mediatorinnen und Mediatoren*, essentials,
https://doi.org/10.1007/978-3-658-30694-6_4

- Schwierigkeiten mit einzelnen Prozessstufen der Mediation;
- Schwierigkeiten mit dem Zeitmanagement;
- fehlende Motivation der Konfliktparteien bei der Lösungssuche;
- persönliche Abneigungen des Mediators gegen eine Konfliktpartei und damit fehlende professionelle Distanz;
- Umgang mit schwierigen Prozessbegleitern;
- Machtungleichgewichte zwischen den Konfliktparteien. ◄

„Türöffnerfragen"
Allein diese kleine Auswahl macht deutlich, dass fast jedes Thema, welches ein Mediator im beruflichen Kontext beschäftigt, zum Gegenstand einer Supervision gemacht werden kann. Um die eigenen wichtigen Themen zu erforschen, können nachfolgende Einleitungen hilfreich sein (Tietze 2013, S. 30):

> **Beispiel**
>
> … mir ist Folgendes in einer Mediation widerfahren und ich möchte es besprechen (vergangenheitsbezogen).
> … derzeit ist meine Lage so, und ich will wissen, wie ich mich in einer laufenden Mediation verhalten kann (gegenwartsbezogen).
> … bald habe ich eine schwierige Mediation: Was muss ich berücksichtigen? (zukunftsbezogen). ◄

Keine persönlichen und privaten Themen
Da es sich um eine Beratung in einem beruflichen Umfeld handelt, sollten persönliche und private Angelegenheiten außen vor bleiben, es sei denn, sie betreffen unmittelbar die Tätigkeit als Mediator.

> **Beispiel**
>
> Beispiel für ein trotz Privatbezug zulässiges Thema: Bei einem Familienmediator strahlt die eigene familiäre Trennungssituation auf dessen Arbeit über. ◄

Auch Themen oder Ereignisse, die auf eine psychische Behandlungsbedürftigkeit oder gar Erkrankung des Supervisanden hindeuten, dürfen nicht Gegenstand einer Supervision sein. Die Behandlung gehört vielmehr in die Hände von Psychiatern oder Psychotherapeuten. Dies zu erkennen und dem Supervisanden deutlich zu machen, ist eine große Verantwortung des Supervisors und gehört zu seinen Kernkompetenzen.

Themen für die Supervision

Für die Supervision eignen sich grundsätzlich alle Themen aus dem Berufsleben eines Mediators. Eine gewisse „Wertigkeit", um in der Supervision behandelt zu werden, ist nicht erforderlich. Jede Fallkonstellation, die der Supervisand für wichtig erachtet, kann in der Supervision erörtert werden. Ausnahmen gelten allerdings für Ereignisse aus dem privaten Umfeld des Mediators oder wenn Umstände sichtbar werden, die auf eine behandlungsbedürftige Erkrankung hinweisen.

Haltungen des Supervisors und der Mediatoren in der Supervision

5

Die Arbeit innerhalb einer Supervisionsgruppe setzt bestimmte Haltungen der Teilnehmer voraus, die den Erfolg der Beratung sicherstellen.

5.1 Keine allgemeingültigen Regeln, aber bestimmte Haltungen der Teilnehmer

Das Aufstellen bestimmter Regeln für die Durchführung einer Supervision wird allerdings dadurch erschwert, dass keine feststehenden und allgemeingültigen Regeln für deren Ablauf existieren. Vielmehr wird sie in zahlreichen Formen praktiziert, die voneinander mehr oder weniger stark abweichen. Ein möglicher (geregelter) Ablauf einer Supervision wird in Kap. 6 erläutert.

Was allerdings allen Formen der Supervision gemein ist, sind die Haltungen des Supervisors, des Supervisanden und insbesondere der übrigen Gruppenmitglieder in der Beratung. Ohne eine wertschätzende Sichtweise, die die Erlebenswelt des zu beratenden Supervisanden akzeptiert, ist eine erfolgreiche lösungsorientierte Supervision nicht möglich. Auf die Wahrung dieser Haltungen der Teilnehmer hat der Supervisor zu achten.

Die von den Teilnehmern einer Supervision einzunehmenden Haltungen können in fünf Gruppen eingeteilt werden:

© Springer Fachmedien Wiesbaden GmbH, ein Teil von Springer Nature 2020
O. Sporré, *Supervision für Mediatorinnen und Mediatoren,* essentials,
https://doi.org/10.1007/978-3-658-30694-6_5

5.2   Dialog auf gleicher Augenhöhe

Für eine konstruktive und vertrauensvolle Zusammenarbeit in der Supervisions-gruppe ist eine wechselseitige Wertschätzung aller Supervisanden und des Super-visors als ebenbürtiger Dialogpartner wichtig. Supervisor, Supervisand und die übrigen Gruppenmitglieder nehmen in der Supervision zwar unterschiedliche Rollen ein, ihre Beziehung sollte auf der gemeinsamen Suche nach Lösungs-möglichkeiten jedoch freigehalten werden von leichtfertigen (gegenseitigen) Bewertungen, Belehrungen oder Vorhaltungen. Denn es besteht die Gefahr, dass sich insbesondere jüngere und fachlich unerfahrene Teilnehmer scheuen werden, ihre berufliche Situation zum Thema einer Beratung zu machen, wenn sie fürchten müssen, von einem erfahrenen Kollegen mit einer vorschnellen Lösung von oben herab „beraten" zu werden. Außerdem kann durch eine solche vorschnelle Lösung die Chance auf die Entwicklung einer anderen, ggfls. nach-haltigeren Lösung, vertan werden (Tietze 2013, S. 56).

5.3   Respekt vor der Perspektive des Supervisanden

Die Berater respektieren die Problemsicht des Fallerzählers als sein mögliches Realitätsmodell, auch wenn es ihnen nicht leichtfallen mag. Sie bieten dem Supervisanden emotionale Unterstützung und nehmen seine Sorgen ernst, welche sie jedoch nicht teilen müssen. Darüber hinaus wertschätzen die Berater auch dessen bisherige Lösungsversuche als seine bislang besten Möglichkeiten, mit dem Fall umzugehen. Erst wenn der Supervisand sich respektiert fühlt, ist er dazu bereit, andere Perspektiven zuzulassen und damit konfrontiert zu werden (Tietze 2013, S. 56).

5.4   Die Vielfalt der Lösungsoptionen erhöhen

Wie bei einer Mediation sollen auch in der Supervision die Vielfalt von Perspektiven und damit die Handlungsspielräume des Supervisanden erhöht werden. Denn durch die Supervision sollen möglichst zahlreiche Handlungsalter-nativen für den Supervisanden entwickelt werden, aus denen er die für ihn und seine Situation geeignetste auswählen kann (Tietze 2013, S. 57). Dies bedeutet, der Supervisor hat darauf zu achten, dass der Supervisand und die anderen Gruppenmitglieder lösungsorientiert und nicht problemorientiert arbeiten.

Im Vordergrund steht demnach nicht, wie die zu beratende Situation entstanden ist und wer welchen Anteil daran trägt, sondern wie sie in Zukunft zum besten Vorteil aller (d. h. des Mediators und der Medianten) entwickelt werden kann.

Beispiel

Vereinfachtes Thema des Supervisanden (A) in der Supervision: Ein älterer Rechtsanwalt (B) nimmt mich in meinen Mediationen nicht ernst und unterläuft meine Verhandlungsleitung.

Frage des Supervisanden A an die übrigen Gruppenmitglieder: Welche Möglichkeiten habe ich, den Rechtsanwalt B derart in die Mediation einzubinden, um diese zum Erfolg zu führen? (= lösungsorientiert).

Nicht: Wer hat Schuld, dass B meine Verhandlungsleitung nicht anerkennt? (= problemorientiert). ◄

5.5   Orientierung am Anliegen des Supervisanden

Maßgeblich für die Richtung, die eine Beratung einschlägt, ist der Fall aus Sicht des Supervisanden und sein darauf bezogener Klärungswunsch. Der Supervisor und die anderen Supervisanden laden ihn ein, seinen bisherigen Standpunkt zu überprüfen und seinen Handlungsraum zu erweitern. Sie können Alternativen bezüglich des Klärungszieles zur Diskussion stellen; leitend für die Beratung ist jedoch das Ziel, das der Supervisand schließlich für sich wählt (Tietze 2013, S. 57).

5.6   Der Supervisor und die anderen Gruppenmitglieder verfügen nicht über bessere Zugänge zur Wirklichkeit

Die Perspektiven und Lösungsvorschläge der übrigen Teilnehmer der Supervisionsgruppe beruhen auf ihren eigenen Bildern der Problemsituation, die sie auf indirektem Weg aus den Schilderungen des Supervisanden rekonstruieren. Daraus entstehen alternative Realitätsmodelle für den Supervisanden, deren Unterschiedlichkeit und Vielfalt als wertvolle Quelle für Lösungsideen dienen. Sie sind jedoch keineswegs wahrer, objektiver oder richtiger als seine Konstruktionen (Tietze 2013, S. 57).

▶ Die Haltungen der Teilnehmer einer Supervisionsgruppe im Überblick

- Dialog auf Augenhöhe
- Respekt vor der Perspektive des Supervisanden
- die Vielfalt der Lösungsmöglichkeiten erhöhen
- Orientierung am Anliegen des Supervisanden
- Andere verfügen nicht über bessere Zugänge zur Wirklichkeit

Haltungen der Teilnehmer in einer Supervision

Die Supervision kennt keine feststehenden Abläufe und Verhaltensregeln für deren Teilnehmer. Allerdings liegen einer erfolgreichen Supervision bestimmte Verhaltenserwartungen an die Teilnehmer zugrunde. Diese Haltungen stellen sicher, dass die Beratung auf Augenhöhe stattfindet und die Gruppenmitglieder nicht in die Rolle der Belehrenden und der Supervisand in die Rolle des Belehrten geraten. Die Haltungen sind geprägt von gegenseitigem Respekt und Wertschätzung und stellen sicher, dass der Supervisand mit seinem Fall im Mittelpunkt steht.

Darstellung des Ablaufs einer (mediationsanalogen) Supervision

6

6.1 Einführung

Es soll nochmals betont werden, dass es kein einheitliches Konzept oder Format einer Supervision gibt. Dies ist bereits deshalb nicht möglich, weil der Ablauf in der Einzelsupervision allein aufgrund der fehlenden Gruppenmitglieder abweichend von der Gruppen- oder Teamsuperversion ist. Aber auch die Verläufe innerhalb der einzelnen Typen der Supervision weichen voneinander ab, ohne dass gesagt werden kann, dass einer vorzugswürdiger ist. Vielmehr ist deren Modellierung neben der Anzahl der Teilnehmer auch dadurch bestimmt, welcher „Supervisionsschule" der Supervisor angehört und welche Werkzeuge er in der Supervision einsetzt, um den bestmöglichen Erfolg für den Supervisanden zu erzielen. Wegen der zahlreichen Varianten ist es daher nicht möglich, hier die ganze Bandbreite von Supervisionsabläufen darzustellen, zumal eine solche Darstellung immer Gefahr liefe, unvollständig zu sein. Die nachfolgenden Ausführungen konzentrieren sich daher auf eine bestimmte Art der Gruppensupervision, von der aufgrund gewisser Parallelen mit der Mediation anzunehmen ist, dass sich Mediatoren sehr leicht und schnell mit ihr vertraut machen können.

6.2 Mediationsanaloge Supervision

Die nachfolgende Darstellung orientiert sich an der Methode der mediationsanalogen Supervision (Thomsen und Krabbe 2013, S. 115 ff.; zum Ablauf einer solchen Supervision: Thomsen und Krabbe 2012, S. 82 ff.). Der Name dieser Supervisionsmethode basiert darauf, dass sie entsprechend den Phasen einer Mediation durchgeführt wird.

© Springer Fachmedien Wiesbaden GmbH, ein Teil von Springer Nature 2020
O. Sporré, *Supervision für Mediatorinnen und Mediatoren*, essentials,
https://doi.org/10.1007/978-3-658-30694-6_6

6.3   Kontraktphase

Vor der ersten Supervision sind die *organisatorischen* Rahmenbedingungen fest-
zulegen. Es muss geklärt werden, wer mit dem Supervisor einen Vertrag über die
Höhe seines Entgeltes abschließt, wo und in welchen zeitlichen Abständen die
Treffen stattfinden, wer den Raum anmietet, für die Verpflegung sorgt und die
Einladungen ausspricht. Dies unterscheidet sich nicht wesentlich von anderen
Veranstaltungen, z. B. Mediationen oder Fortbildungen, sodass darauf nicht
weiter eingegangen wird.

Die Supervision, bei der sich die Beteiligten erstmalig treffen, beginnt mit der
Vorstellung des Supervisors sowie der persönlichen und beruflichen Situations-
beschreibung der Teilnehmer. Hat bereits eine Supervision in der Vergangenheit
stattgefunden, wird ein Blitzlicht über die weitere Entwicklung des behandelten
Falls nach der letzten Sitzung gegeben.

Hintergrundinformation
Das Blitzlicht ist eine Kommunikationsform, um rasch eine Meinung eines jeden Gruppen-
mitglieds zu einem Thema zu erhalten. Dazu äußern sich die Teilnehmer zu Beginn,
während oder am Ende einer Gruppenarbeit kurz in Form von wenigen Sätzen zu einer in
die Gruppe gestellten Frage (z. b. wie geht es mir zu Beginn/am Ende der Gruppenarbeit
oder welchen Fall habe ich mitgebracht?). Die Teilnehmer sollen dabei Ich-Botschaften
verwenden, die übrigen Beteiligten hören ausschließlich zu und kommentieren den Rede-
beitrag nicht.

Sodann werden die Regeln der Supervision (z. B. Ablauf der einzelnen Super-
visionsphasen, Kommunikationsverhalten, Haltungen der Teilnehmer in der
Supervision, Pausen) vom Supervisor erläutert und vereinbart. Für einen erfolgreichen Gruppenprozess ist es dabei wichtig, dass für den einzelnen Beteiligten
Klarheit über die Struktur und die nächsten Schritte besteht. Der Supervisor
leitet zwar die Supervision und gibt die Struktur vor, allerdings muss er auf
Bedenken oder Ängste der Teilnehmer eingehen und sie auflösen, da es ansonsten
zu (unbewussten) Blockaden einzelner Teilnehmer in der Supervision kommen
könnte.

Um dem Sicherheitsbedürfnis des Supervisanden, der sein Thema darstellt,
gerecht zu werden, muss zudem zwischen den Mitgliedern der Supervisionsgruppe eine Vertraulichkeitsabrede, vorzugsweise schriftlich, getroffen werden.

▷   **Die Vertraulichkeitsabrede** Für eine effektive und für den
Supervisanden erfolgreiche Supervision ist zwischen allen Beteiligten
(Supervisor, Supervisanden und Gruppenmitgliedern) Offenheit und

Vertrauen unabdingbar. Es ist wichtig, dass der Supervisand sich gegenüber der Gruppe öffnen und dieser vertrauliche Einzelheiten mitteilen kann. Denn oft werden Fälle besprochen, die Dritte betreffen, oder der Supervisand gibt von seinem inneren Erleben etwas preis, das ihm unangenehm oder gar peinlich ist. Damit sichergestellt ist, dass keine Weitergabe an Dritte erfolgt oder auch nur deren Möglichkeit im Raum steht, müssen sich alle Teilnehmer ausdrücklich dazu verpflichten, mit dem Gehörten streng vertraulich umzugehen. Eine solche Vertraulichkeitsabrede, die vorzugsweise schriftlich niederzulegen ist, ist elementarer Bestandteil des Beratungskontraktes und muss sich mindestens auf sensible Inhalte, vertrauliche Informationen und die Prozesse innerhalb der Gruppe beziehen (Tietze 2013, S. 223).

Handelt es sich bereits um ein wiederholtes Treffen der Supervisionsgruppe kann dieser Teil kürzer gehalten werden oder ggf. ganz entfallen.

6.4 Sammeln und Auswählen der Beratungsthemen

Anschließend werden von den Teilnehmern die Fälle benannt und sehr kurz beschrieben, zu denen sie sich eine Beratung wünschen. Der Supervisor sammelt die Fälle ein und schreibt ein vom Teilnehmer dafür vorgeschlagenes Schlagwort (z. B. der zornige Mediand) deutlich sichtbar auf ein großes Blatt Papier oder auf ein Flipchart. Nach dem Einsammeln der Fälle wird unter Anleitung des Supervisors deren Reihenfolge, in der sie beraten werden, festgelegt. Erfahrungsgemäß werden mehr Fälle benannt, als Zeit für deren Beratung zur Verfügung steht. Dann muss eine Auswahl getroffen werden, wobei dringliche Themen grundsätzlich Vorrang haben *(„Blaulichtthemen")*.

Beispiel

Eine Teilnehmerin schildert einen hocheskalierten Konflikt, den sie nächste Woche zu mediieren hat und für den sie eindringlich um eine Supervision bittet. Sie schildert den Fall in einigen knappen Sätzen und vergibt dafür ein Schlagwort. Wegen der Dringlichkeit entscheidet der Supervisor gemeinsam mit der Gruppe, dass der Fall der Kollegin supervidiert wird. ◀

Bei der Fallauswahl muss der Supervisor darauf achten, dass nicht in jeder Sitzung derselbe Teilnehmer einen Fall vorträgt, sondern auch die anderen die Möglichkeit haben, sich beraten zu lassen. Erforderlichenfalls hat der Supervisor die „Stillen" in der Gruppe unter Hinweis auf die Türöffnerfragen (siehe Abschn. 3.2) anzusprechen, ob sie nicht doch einen Fall oder ein Thema haben. Dabei muss er allerdings das nötige Feingefühl aufbringen, damit die Teilnehmer sich nicht gedrängt fühlen, nun endlich mal ein Thema zu benennen.

Die Fallauswahl bestimmt sodann, wer für diese Beratungseinheit Supervisand ist. Die übrigen Teilnehmer stehen als Berater zur Verfügung und üben im weiteren Supervisionsprozess eine wichtige Funktion aus (siehe Abschn. 6.8 und 6.10).

6.5   Formulierung von zwei Fragen durch den Supervisanden an die Gruppe

Vor der Fallerzählung bittet der Supervisor den Supervisanden zwei Fragen zu formulieren, die in der Supervision mithilfe der Gruppenteilnehmer beantwortet werden sollen. Die Formulierung von Fragen zu Beginn der Supervision mag zwar zunächst etwas irritieren. Die Fragen sind aber von erheblicher Wichtigkeit, da durch sie der Supervisand den Gruppenmitgliedern aufzeigt, auf welche Aspekte des sogleich mitzuteilenden Fall er besonderen Wert legt und wo für ihn die Herausforderungen liegen. Ansonsten besteht die Gefahr, dass die Gruppenmitglieder während der Supervision an den Belangen und Bedürfnissen des Supervisanden „vorbei" beraten.

Beispiel

Vereinfachter Sachverhalt: Der Supervisand hat seinen Fall mit „Der zornige Mediand" überschrieben und stellt die Frage, mit welchen Mitteln er seine negative Einstellung gegenüber dem Medianten ändern kann. Hätte er dagegen keine Frage formuliert, müssten die Gruppenteilnehmer aus der Fallschilderung heraushören, worauf es dem Supervisanden ankommt und werden unter Umständen Lösungsoptionen vorschlagen, mit denen er den Medianten disziplinieren kann. ◄

Üblicherweise bittet der Supervisor den Supervisanden, *eine Frage zum Fall* und *eine Frage zur eigenen Person* zu stellen. Damit werden zwei Bereiche abgedeckt, nämlich die Außenbeziehungen des Supervisanden zu den Beteiligten seines Falles und sein Innenleben, mithin seine Einstellungen, Werte und Einschätzungen. Dieses Zusammenspiel von „Innen" und „Außen" gewährt einen größtmöglichen Erfolg der Supervision.

Unterstützung durch den Supervisor
Bei der Formulierung muss der Supervisor den Supervisanden begleiten und unterstützen. Es ist nicht einfach, aus dem Stegreif die Herausforderungen eines Falles in zwei Fragen zu kleiden. Oftmals ist dem Supervisanden zu diesem Zeitpunkt selbst noch nicht klar, welche Fragen ihm wichtig und warum sie ihm wichtig sind. Daher handelt es sich um einen ersten Klärungsprozess, in dem die Fragen reifen und entwickelt werden sollen. Dabei sollte der Supervisor darauf achten, dass keine zu allgemeinen Fragen gestellt werden. Die Frage „Wie kann ich in meinen Mediationen besser werden, um die Zahl der Einigungen zu erhöhen" ist nicht geeignet, da sie für den Supervisor und die Gruppenmitglieder nicht deutlich werden lässt, an welcher Stelle des Mediationsprozesses die Hilfestellung der Gruppenmitglieder ansetzen soll. Konkrete Fragen an den Supervisor und die Gruppe könnten lauten:

Beispiel

1. Frage zum Fall: Wie kann ich bei einer Mediation das vom Streit der Eltern betroffene Kind mehr in den Fokus der Beteiligten rücken?
2. Frage zur eigenen Person: Wie kann ich meine ablehnende Haltung gegenüber der in der Mediation auftretenden Rechtsanwältin verändern? ◄

Möglichst keine Ja/Nein-Fragen
Fragen, die mit einem Ja oder Nein beantwortet werden – sogenannte geschlossene Fragen – sollten vermieden werden, da sie die Gruppenmitglieder dazu verleiten können, ausschließlich in Ja- oder Nein-Kategorien zu denken und dadurch das Spektrum der Lösungsoptionen nicht vollständig ausgenutzt wird. Dagegen regen Fragen, die mit „Wie kann ich" oder „Mit welchen Mitteln kann ich" beginnen, die Kreativität der Gruppenmitglieder an, was letztlich zu einer höheren Anzahl von Lösungsoptionen führt. Aber auch hier gilt wie für den gesamten Supervisionsprozess: Es gibt keine starren Regeln und es mag durchaus Ausnahmefälle geben, in denen Fragen, die mit einem „Warum" beginnen, ihre Berechtigung haben.

Hat der Supervisand mithilfe des Supervisors zwei Fragen formuliert, werden diese an das Flipchart geschrieben und bleiben für alle während des gesamten Supervisionsprozesses sichtbar. Dies bedeutet allerdings nicht, dass die Fragen im

Laufe der Supervision nicht mehr geändert werden dürfen. Neue Überlegungen und Erkenntnisse aufseiten des Supervisanden führen in nicht wenigen Fällen dazu, dass er darum bittet, die Fragen noch einmal abändern zu dürfen. Dies ist ein Zeichen, dass sich bei Supervisanden durch die Auseinandersetzung in der Supervision bereits etwas bewegt hat und ist positiv zu bewerten.

▶ Die Supervision ist ein Prozess, in dessen Verlauf es immer wieder zu kleinen Erkenntnisfortschritten beim Supervisanden kommt. Die „richtige" Lösung fällt also am Ende der Supervision nicht vom Himmel, sondern reift im Laufe der Supervision oder auch erst nach deren Ende. Insofern ist eine Supervision mit dem Herausziehen eines tief eingeschlagenen Pfahls vergleichbar. Wer diesen Pfahl mit einem Ruck herausziehen will, wird aller Voraussicht nach scheitern. Der erfolgreichere Weg ist, immer wieder den Pfahl in die eine oder andere Richtung zu ruckeln. Irgendwann lockert sich der Pfahl durch das ständige Ruckeln, sodass er schließlich ohne große Kraftanstrengung herausgezogen werden kann.

6.6 Fallerzählung

Der Supervisand stellt sodann kurz und prägnant seinen „Fall" vor. Eine ausführliche Vorbereitung für die Falldarstellung ist nicht erforderlich, vielmehr sollte sie „aus dem Stand" heraus erfolgen. Dabei entscheidet der Supervisand, welche Aspekte des Falles mitgeteilt werden und welche er für unwichtig hält, um erzählt zu werden. Eine zu kleinteilige Schilderung sollte allerdings vermieden werden, da dies die Aufnahmefähigkeit der Gruppe und des Supervisors überfordern könnte. Detaillierte Angaben zu Zeiten, Orten oder Zahlen sind meist entbehrlich, da die übrigen Teilnehmer sich diese Daten überwiegend nicht merken können und die Erfahrung gezeigt hat, dass diese für die Entwicklung der Lösungsoptionen oft nicht erforderlich sind.

Unübersichtliche oder ausufernde Fallerzählung
Bei einer unübersichtlichen oder ausufernden Fallschilderung muss der Supervisor helfend und strukturierend eingreifen. Eine solche Fallschilderung kann nämlich darauf hindeuten, dass dem Supervisand die für ihn wichtigen Teile des Falles noch nicht klar sind. Dabei darf der Supervisor allerdings seine Wertung, was wichtig an dem Fall sein könnte, nicht an die Stelle des Supervisors setzen. Vielmehr hat der Supervisor das vom Supervisanden Gesagte zu *paraphrasieren*

und bei ihm nachzufragen, ob er – der Supervisor – das richtig verstanden habe. Der Supervisand hat dann die Möglichkeit zu entscheiden, ob das, was verstanden wurde, von ihm auch so gemeint war. Sollte dies nicht der Fall, kann er den Supervisanden korrigieren und nochmals ausdrücken, was er tatsächlich gemeint hat.

▶   Paraphrasierung ist ein Begriff aus der Kommunikationstheorie und umschreibt die sachliche Wiederholung einer empfangenen (sprachlichen) Botschaft mit den eigenen Worten des Empfängers. Oftmals wird die Paraphrasierung mit den Worten „Habe ich Dich (Sie) richtig verstanden, dass…" eingeleitet.

6.7   Nachfragen durch den Supervisor und die Gruppe

Nach Abschluss der Fallschilderung können der Supervisor und die Gruppenmitglieder Fragen stellen. Diese sollten allerdings nicht zu sehr in die Tiefe gehen, denn es ist nicht Aufgabe des Supervisors und der Gruppenmitglieder, den Fall in allen Verästelungen zu erforschen. Der Supervisand hat bereits durch seine Darstellung eine Vorauswahl hinsichtlich der Daten getroffen, die er mitteilen möchte und die ihm wichtig sind. Diese Vorauswahl würde durch häufiges und in die Tiefe gehendes Nachfragen unterlaufen. Ein Indiz für eine ausufernde Fragerunde ist deren Zeitanteil an der Supervision. Ist sie fast so lang wie die Falldarstellung oder noch länger, ist dies für den Supervisor ein Zeichen, auf die „Entscheidungshoheit" des Supervisand hinsichtlich des Umfangs des zur Supervision gestellten Falles hinzuweisen. Sollte der Fall an sich kompliziert oder verwickelt sein, und kommt es aus diesem Grund zu Nachfragen, kann es ratsam sein, den Fall mittels einer Zeichnung an einem Flipchart zu visualisieren.

6.8   Hypothesenbildung

In dieser Phase sind die übrigen Teilnehmer aufgefordert, unter Anleitung des Supervisors zu dem dargestellten Fall Hypothesen zu bilden. Die Bildung von Hypothesen stellt in der Supervision ein wichtiges Instrument dar, um dem Supervisanden zu klareren Arbeitsannahmen, deren Überprüfung und zu neuen Ansichten zu verhelfen.

▶ Eine Hypothese ist eine Arbeitsannahme, deren Gültigkeit für möglich gehalten wird, deren Richtigkeit aber nicht feststeht bzw. nicht bewiesen ist.

Die geäußerten Hypothesen können sich

- auf das Verhalten der Beteiligten des Mediationsfalles (einschließlich des Mediators),
- auf die Interessen und Bedürfnisse der Beteiligten
- auf das, was die Beteiligten aus dem bisherigen Verlauf der Mediation bereits erhalten haben (sofern ein oder mehrere Mediationstermine schon stattgefunden haben),
- auf den bisherigen oder zukünftig zu erwartenden Verfahrensablauf beziehen.

Supervisand hört schweigend zu
Der Supervisand hört in dieser Phase den übrigen Gruppenmitgliedern schweigend zu und notiert sich die genannten Hypothesen. Eine Unterbrechung und eine Stellungnahme zu einzelnen Hypothesen durch den Supervisanden sollte unbedingt unterbleiben und ggf. durch den Supervisor unterbunden werden. Denn durch eine Unterbrechung kann der Kreativitätsprozess der Gruppe gestört werden oder gänzlich verebben, so wenn eine Diskussion zwischen Supervisanden und einzelnen Gruppenmitgliedern darüber stattfindet, ob eine Hypothese zutreffend ist oder nicht. Der Supervisand hat vielmehr in der nächsten Phase (Abschn. 6.9) ausreichend Gelegenheit, sich zu den Hypothesen zu äußern.

Wünschenswert ist, dass jedes Gruppenmitglied mindestens zwei Hypothesen äußert. Dabei sollen sich die Mitglieder keine Gedanken darüber machen, ob die von ihnen genannten Hypothesen zutreffen oder der Supervisand damit übereinstimmt. Zum einen wird durch die Überlegung, ob die Hypothese dem Supervisanden „gefällt", der Kreativitätsprozess gestört. Zum anderen sollen gerade von der Vorstellung des Supervisanden abweichende Hypothesen genannt werden, damit dieser zu neuen Einsichten gelangen kann und dadurch ggf. der bei ihm bestehende „blinde Fleck" beseitigt wird.

Bei den ersten Treffen der Gruppe wird die Nennung von Hypothesen vielleicht noch etwas zäh erfolgen. Dies liegt zumeist daran, dass sich alle Beteiligten noch an das Supervisionsmodell und den Ablauf nach streng voneinander getrennten Phasen gewöhnen müssen. Hier sind Geduld und die Hilfe des Supervisors gefragt. Der Supervisor muss den Kreativitätsprozess der Gruppenmitglieder anregen, indem er die Gruppe immer wieder auffordert, zu den einzelnen Beteiligten der Mediation, zu deren Interessen und Bedürfnisse sowie zum Ablauf des Verfahrens

Hypothesen zu bilden (siehe auch die obige Auflistung). Auch kann die Aufforderung *„Bitte versetzen Sie sich gedanklich in den Fall und den Supervisanden
hinein. Wie empfinden Sie die Situation?"* hilfreich sein.

Abgrenzung zu den Lösungsoptionen

Werden von den Gruppenmitgliedern Hypothesen genannt, muss der Supervisor noch auf zwei weitere Aspekte achten: Handelt es tatsächlich um Hypothesen und nicht bereits um Lösungsoptionen (vgl. dazu Abschn. 6.10) und
werden diese wertschätzend an den Supervisanden mitgeteilt? Insbesondere bei
Gruppen, die noch nicht lange zusammenarbeiten, findet ein fließender Übergang
von den Hypothesen zu den Lösungsoptionen statt. Da die Einhaltung der einzelnen Phasen für das Gelingen der Supervision von großer Wichtigkeit ist und der
Supervisand durch die getrennte Nennung von Hypothesen und Lösungsoptionen
einen Erkenntnisprozess durchläuft, der Zeit benötigt, wäre die gemeinsame
Behandlung von Hypothesen und Lösungsoptionen kontraproduktiv. Hier muss
der Supervisor sich einschalten und die Teilnehmer auf die Wichtigkeit der Einhaltung der Phasen hinweisen.

Das Erfordernis der wertschätzenden Mitteilung ergibt sich aus den von allen
Gruppenmitgliedern zu fordernden Haltungen in der Supervision. Daher dürfen
von den Gruppenmitgliedern weder in Form von Hypothesen gekleidete Schuldzu-
weisungen an den Supervisanden erfolgen noch diese als feststehende Wahrheiten
dargestellt werden. Es ist daher eine offene und zurückhaltende Formulierung
seitens der Gruppenmitglieder zu empfehlen. Wird eine solche nicht eingehalten,
ist es wiederum die Aufgabe des Supervisors, behutsam auf die Haltungen in der
Supervision hinzuweisen und Vorschläge für eine Formulierung zu machen.

Beispiel

Beispiel für eine Hypothese: Der in der Mediation anwesende Rechtsanwalt
A lehnt die von den Parteien und dem ebenfalls teilnehmenden Rechtsanwalt
B entwickelten Lösungsoptionen immer wieder kategorisch ab und droht mit
der Beendigung der Mediation. Hier könnte ein Bedürfnis des Rechtsanwalts
A auf größere Wertschätzung und Einbeziehung in den Mediationsprozess vor-
liegen. Eine solche Hypothese kann von einem Teilnehmer einer Supervisionsgruppe an dieser Stelle genannt werden, indem er formuliert: „Ich könnte
mir vorstellen, dass der Rechtsanwalt A ein Bedürfnis nach größerer Wertschätzung und Einbeziehung in den Mediationsprozess hat". ◀

6.9   Auswahl der Hypothesen durch den Supervisanden

Der Supervisand hat anschließend aus den genannten Hypothesen für sich 3–4 auszusuchen, die er für seinen Fall als passend erachtet. Dies kann dadurch geschehen, dass er in Begleitung des Supervisors die von ihm notierten Hypothesen Punkt für Punkt durchgeht und sich äußert, ob ihn die Hypothese anspricht. Da auch er mit den Beiträgen der Gruppenmitglieder wertschätzend umzugehen hat, sollte er die Hypothesen nicht in Gruppen von „guter Vorschlag/ schlechter Vorschlag" einteilen, sondern formulieren, ob ihn die einzelne Hypothese anspricht oder nicht anspricht. Dabei steht es ihm frei, zu seiner Entscheidung Erläuterungen abzugeben; er ist allerdings nicht gehalten, seine Entscheidung zu rechtfertigen.

Unterstützung durch den Supervisor
Der Supervisor hört wertschätzend zu und unterstützt den Supervisanden, wenn er eine Hypothese einordnen und sich darüber im Klaren werden muss, ob ihn diese anspricht oder nicht. Denn es kann durchaus erforderlich sein, über einige Hypothesen eine kurze Zeit nachdenken, bis eingeordnet werden kann, ob das eine von ihm auszuwählende Hypothese ist. Hat sich der Supervisand entschieden, kann es insbesondere bei vielen Hypothesen nützlich sein, diese mit einem Haken oder Pluszeichen hinter dem Vorschlag sichtbar zu machen.

Konzentration auf 3–4 Hypothesen
Wenn sehr viele Hypothesen von den Gruppenmitgliedern genannt werden, kann es vorkommen, dass der Supervisand mehr als die vorgesehenen 3 oder 4 aussucht und damit weiterarbeiten will. So sehr es zunächst naheliegt, mit allen in Betracht kommenden Hypothesen weiterzuarbeiten, sollte der Supervisor darauf hinwirken, dass sich der Supervisand auf die vorgenannte Anzahl konzentriert. Denn eine solche Konzentration kann bei dem Supervisanden zu einer weiteren Klärung führen, welche Punkte des Falles für ihn am wichtigsten sind. Ferner dienen die ausgesuchten Arbeitshypothesen gemeinsam mit den oben formulierten Fragen den Gruppenmitgliedern bei der Suche nach Lösungsoptionen als wichtige Hinweise. Sollten zu viele (wichtige) Arbeitshypothesen ausgewählt werden, besteht die Gefahr, dass die Gruppenmitglieder sich bei der Suche nach Lösungsoptionen auf Bereiche konzentrieren, die dem Supervisanden letztlich doch nicht von so großer Wichtigkeit sind. Sofern sich der Supervisand auch nach längerem Nachdenken nicht auf drei oder vier Hypothesen

konzentrieren will oder kann, sollte ihm der Supervisor anbieten, mehrere (gleichartige) Hypothesen zu einer Hypothesengruppe zusammenzufassen. Auch diese Hilfestellung des Supervisors dient der Klärung und Einsicht aufseiten des Supervisanden.

Autonomie des Supervisanden
In dieser Phase hören die übrigen Gruppenmitglieder den Ausführungen des Supervisanden zu. Sofern Gruppenmitglieder dazu ansetzen, einzelne Hypothesen zu kommentieren, zu erläutern oder gar den Supervisanden von der Richtigkeit der Hypothesen zu überzeugen, hat der Supervisor unverzüglich einzuschreiten. Ansonsten besteht die Gefahr, dass sich zwischen Supervisanden und Gruppenmitgliedern eine Diskussion entspinnt, welche Arbeitshypothese am besten zum Fall passt. Da es sich um den Fall des Supervisanden handelt, entscheidet er autonom, welche Hypothese ihn anspricht und welche nicht.

Bei einer umfangreichen Falldarstellung mit längeren Hypothesensätzen kann es sich anbieten, die ausgewählten Hypothesen an einem Flipchart zu visualisieren.

6.10   Sammeln und Notieren von Lösungsoptionen zu der vom Supervisanden gestellten Frage

Was würden Sie tun, wenn es Ihr Fall wäre?
Dieser Teil der Supervision wird den Mediatoren sehr bekannt vorkommen, da er viele Ähnlichkeiten mit der vierten Phase der Mediation (Sammeln von Optionen) aufweist. Die Gruppenmitglieder haben Lösungsoptionen zu den gestellten Fallfragen und den vom Supervisanden ausgesuchten Hypothesen zu entwickeln. Von jedem Gruppenmitglied sind mindestens zwei Optionen zu nennen, die er auswählen würde, wenn es sich um seinen Fall handelte. Um dies zu verdeutlichen, könnte der Supervisor die Aufforderung an die Gruppenmitglieder, Lösungsoptionen zu benennen, mit der Frage *„Was würden Sie tun, wenn es Ihr Fall wäre?"* einleiten. Denn es regt erfahrungsgemäß die Kreativität stärker an, wenn sich die Gruppenmitglieder vor ihrem geistigen Auge in die Situation des Supervisanden hineinversetzen. Wenn Optionen unterbreitet werden, ist es wie in der Mediation sehr wichtig, dass diese nicht bewertet, sondern lediglich durch den Supervisanden notiert werden. Alternativ ist es möglich, dass die Optionen für alle sichtbar an einem Flipchart aufgeschrieben werden.

Der Supervisand hört in dieser Phase lediglich den Vorschlägen zu und bewertet diese nicht. Auch der Hinweis, dass er die genannte Lösungsoption bereits erfolglos eingesetzt habe, muss unterbleiben. Sollte sich dennoch eine Diskussion zwischen dem Supervisanden und einzelnen Gruppenmitgliedern bzw. unter den Gruppenmitgliedern entwickeln, muss der Supervisor einschreiten und noch einmal die Regeln in dieser Supervisionsphase erläutern.

Einseitigkeit der Lösungsoptionen vermeiden

Bei der Sammlung von Lösungsoptionen orientieren sich die Gruppenmitglieder an dem bereits Gesagten, sodass es zu einer gewissen Einseitigkeit der Optionen kommen kann. Dies äußert sich darin, dass sich zum Beispiel die Lösungsoptionen lediglich auf die erste Fallfrage oder auf nur einen der Beteiligten (den Mediator) beziehen. Daher muss der Supervisor beizeiten die Gruppenmitglieder darauf hinweisen, dass der Fall noch andere Aspekte beinhaltet und sie um Lösungsoptionen aus einem anderen Blickwinkel bitten. Insofern kann der Supervisor formulieren, dass die Gruppenmitglieder noch an den Rechtsanwalt A, die Rechtsanwältin B, den Beteiligten C oder die Beteiligte D denken, und dazu Lösungsoptionen entwickeln sollen.

Nur wenige Lösungsoptionen werden genannt

Insbesondere zu Beginn der gemeinsamen Zusammenarbeit in der Gruppe kann es vorkommen, dass nur sehr wenige Lösungsoptionen genannt werden. Dies kann unter anderem daran liegen, dass die Gruppenmitglieder sich untereinander noch etwas fremd sind und sich an den Ablauf in der Supervision gewöhnen müssen. Hier sind Geduld und eine Anleitung durch den Supervisor gefragt. Sofern keine Lösungsoptionen eingebracht werden, kann er aus der Mediation bekannte Werkzeuge zur Entwicklung von Ideen *(z. B. Brainstorming, Mindmapping, paradoxe Fragen)* einsetzen.

Der Supervisor sollte diese Phase, auch wenn zeitweise keine Lösungsoptionen genannt werden, nicht zu früh beenden. Die Entwicklung von Ideen und Lösungsoptionen ist ein Kreativitätsprozess, der Zeit in Anspruch nehmen kann. Der Umstand, dass gerade keine Lösungsoption benannt wird, bedeutet nicht zwangsläufig, dass keine entsprechenden Ideen mehr vorhanden sind. Insofern sollte der Supervisor – wie der Mediator – darin geübt sein, ein Schweigen der Beteiligten auszuhalten und nicht vorschnell aufzugeben. Um den Kreativitätsprozess wieder in Gang zu bringen oder zu beschleunigen, kann es auch hilfreich sein, die Gruppenmitglieder um abstruse oder witzige Lösungsoptionen zu bitten, von denen offensichtlich ist, dass sie in der Realität keine Umsetzung finden. Dies bedeutet keinen mangelnden Respekt gegenüber dem Anliegen des

Supervisanden, sondern führt vielmehr zu einer Entspannung in der Gruppe, was wiederum die Kreativität anregen und zu neuen Lösungsoptionen führen kann. Bei einer bereits seit längerer Zeit arbeitenden Gruppe ist die Entwicklung von bis zu 30 Lösungsoptionen zu den Fallfragen des Supervisanden durchaus möglich. Sind nach Auffassung des Supervisor keine weiteren Lösungsoptionen durch die Gruppenmitglieder zu erwarten, beendet er diese Phase und leitet zu der Auswahl von Lösungsoptionen durch den Supervisanden über.

6.11 Auswahl von Lösungsoptionen durch den Supervisanden

Dieser Teil ist mit der unter Abschn. 6.9 geschilderten Phase vergleichbar, mit dem Unterschied, dass es hier nicht um die Auswahl von Hypothesen, sondern von Lösungsoptionen geht. Wie unter Abschn. 6.10 geschildert, notiert der Supervisand die von den Gruppenmitgliedern genannten Lösungsoptionen. Diese geht er nun unter Hilfestellung des Supervisors durch und entscheidet, welche Lösungsoptionen er auf seinen Fall in der Praxis anwenden möchte. Dabei nimmt er keine Bewertung im Sinne von „guter Vorschlag/schlechter Vorschlag" vor, sondern äußert sich dahin gehend, dass ihn eine Lösungsoption anspricht oder nicht anspricht. Wenn viele Lösungsoptionen genannt worden sind, empfiehlt es sich, dass der Supervisand die Lösungsoptionen entsprechend gekennzeichnet, sodass er sie auch noch nach Ende der Supervision zuordnen kann. Dem Supervisanden steht es frei, ergänzende Erläuterungen gegenüber der Gruppe zu geben, warum ihn eine Lösungsoption anspricht bzw. nicht anspricht. Keinesfalls ist er allerdings dazu verpflichtet. Die Gruppenmitglieder hören schweigend der Auswahl des Supervisanden zu. Auch hier hat der Supervisor dafür zu sorgen, dass keine Diskussion über die Eignung von Lösungsoptionen stattfindet oder der Supervisand gar in die Lage gerät, seine Entscheidung rechtfertigen zu müssen. Er alleine ist befugt darüber zu befinden, ob eine Lösungsoption für seinen Fall geeignet ist oder nicht.

Unterstützung durch den Supervisor bei der Auswahl
Der Supervisor hat allerdings den Supervisanden zu unterstützen, wenn er merkt, dass dieser sich noch nicht darüber im Klaren ist, ob ihm die Lösungsoptionen bei seinem Fall weiterhelfen könnten. Der Supervisor hat dann zunächst den Entscheidungsprozess zu entschleunigen und dem Supervisor deutlich zu machen, dass er sich Zeit lassen kann und nicht sozusagen „aus der Hüfte schießen" muss, ob ihm eine der Lösungsoptionen zusagt oder nicht. Der Supervisor kann helfen indem er fragt, welcher Teil der Lösungsoptionen ihm besonders zusagt und

welcher Teil ihn davon abhält, diese Lösungsoptionen anzunehmen. Diese Frage kann bei dem Supervisanden wiederum einen Klärungsprozess anstoßen, der am Ende zu dem Ergebnis führen kann, dass die Lösungsoption genommen oder abgelehnt wird.

Keine Beschränkungen bei der Auswahl der Lösungsoptionen
Nur der Vollständigkeit halber sei gesagt, dass hier eine Beschränkung auf drei oder vier Lösungsoptionen nicht erforderlich ist. Der Supervisand soll mit den Lösungsoptionen aus der Supervision herausgehen, die er für erforderlich erachtet, um in dem von ihm vorgestellten Fall aus seiner Sicht erfolgreich agieren zu können.

6.12 Abschluss

Zum Abschluss der Supervision werfen Supervisor und Supervisanden einen Blick auf die eingangs gestellten Fragen und überprüfen gemeinsam, ob diese durch die genannten Lösungsoptionen beantwortet wurden. Es findet mithin ein Vorher/Nachher-Abgleich dahin gehend statt, ob der Supervisand durch die Supervision Optionen erhalten hat, die ihm vorher noch nicht bekannt waren oder die er noch nicht ausprobiert hat.

Sofern der Supervisand erklärt, dass die eingangs gestellten Fragen für ihn nunmehr keine (entscheidende) Bedeutung mehr haben, heißt das nicht, dass die Supervision ihr Ziel verfehlt hat. Denn es kann durchaus Ergebnis des in der Supervision stattfindenden Beratungsprozesses sein, dass der Supervisand neue Erkenntnisse erlangt, die dazu führen, dass die eingangs gestellten Fragen für ihn nicht mehr wichtig sind. Dies ist oftmals der Fall, wenn der Supervisand erkennt, dass er aufgrund äußerer Umstände bestimmte Veränderungen in der Mediation gar nicht herbeiführen kann (weil sie nicht in seiner Macht liegen) und er sich aufgrund der neu gewonnenen Erkenntnisse damit abfindet.

Beispiel

Der Mediator stellt in der Supervision unter anderem die Frage, mit welchen Mitteln er den Beteiligten A zur Mitarbeit in der Mediation bewegen könnte. Während der Supervision kommt der Mediator zu der Erkenntnis, dass der Beteiligte A absichtlich die Mediation boykottiert und unter keinen Umständen zur Mitarbeit bereit ist. Dieses Ergebnis beantwortet nicht die eingangs gestellte Fallfrage, führt aber dazu, dass sich der Mediator mit gutem Gewissen damit

abfinden kann, den Beteiligten A nicht zu einer Mitarbeit in der Mediation
bewegen zu können. ◄

Umsetzung der Lösungsoptionen

Letztlich hat der Supervisor mit dem Supervisanden noch zu erörtern, wie und
wann er die ausgewählten Lösungsoptionen in seine tägliche Arbeit oder den
konkreten Fall einbringen möchte. Unterlässt es der Supervisor, diesen Punkt
anzusprechen, ist die Supervision unvollständig. Denn alleine die Auswahl
von Lösungsoptionen bedeutet nicht ohne weiteres, dass der Supervisand diese
auch in der Praxis umsetzen kann. Vielmehr können sich bei der Umsetzung
Schwierigkeiten ergeben, an die die Beteiligten in der Supervision nicht gedacht
haben und die letztlich dazu führen können, dass eine ausgewählte Lösungsoption
doch nicht in Betracht kommt.

Vorbereitung der Umsetzung durch ein Rollenspiel

Daher fragt der Supervisor den Supervisanden, welche Lösungsoption er als erste
umsetzen möchte und was zu beachten ist. Dabei ist die Umsetzung von Lösungsoptionen, bei der eine Interaktion mit Dritten erforderlich ist, erfahrungsgemäß
herausfordernder, da nicht abzusehen ist, wie diese Personen auf die von dem
Supervisanden eingeführten Lösungsoptionen reagieren. Um diese Unsicherheiten zu reduzieren, kann sich ein Rollenspiel anbieten, in dem einzelne
Gruppenmitglieder die Rollen der Beteiligten in dem vom Supervisanden dargestellten Fall übernehmen. Dieses Rollenspiel gibt dem Supervisanden Gelegenheit, mit möglichen unerwarteten Äußerungen der Beteiligten umzugehen und
bereits jetzt Reaktionsmuster zu entwickeln. Ein solches Vorgehen erhöht die
Wahrscheinlichkeit einer erfolgreichen Umsetzung der Lösungsoptionen um ein
Vielfaches.

6.13   Feedbackrunde zur Supervision

Bedürfnis der Gruppenmitglieder nach Austausch

Die einzelnen Phasen der Supervision verlangen sowohl dem Supervisanden
als auch den übrigen Gruppenmitgliedern eine große Disziplin ab. Wenn der
Supervisand Ausführungen macht, müssen die Gruppenmitglieder schweigen,
entsprechendes gilt umgekehrt. Missverständnisse und Unvollständiges können
in den einzelnen Phasen nicht sofort aufgeklärt werden, um den Erkenntnis- und
Kreativitätsprozess nicht zu gefährden. Auch kann ein großes Bedürfnis bestehen,
einzelne Hypothesen oder Lösungsoptionen noch zu erläutern oder weiter-

gehende Hinweise zu geben. Der Supervisor sollte daher allen Teilnehmern hier freien Raum geben, sich zwanglos, allerdings wertschätzend, über den Fall auszutauschen. Einige Teilnehmer können dann auch von ähnlichen Erfahrungen, die sie gemacht haben, berichten, die allerdings aufgrund der gestellten Fall-Fragen als mögliche Lösungsoptionen hier nicht in Betracht kamen. Zudem dient der Austausch dazu, dass der Supervisand sich aus seiner Rolle lösen kann und wieder ein „ganz normales" Mitglied der Gruppe wird.

Feedback
Darüber hinaus ist es für alle Beteiligten der Supervision wichtig, zum Abschluss ein Feedback zu erhalten. Wie hat sich der Supervisand und wie haben sich die Gruppenmitglieder bei der Beratung gefühlt? Wurden die Regeln der Supervision beachtet? Sind die von jedem Teilnehmer der Supervision zu fordernden Haltungen eingehalten worden? Dies sind wichtige Fragen, auch um daraus für die nächsten Supervisionen zu lernen. Ferner können zu Beginn einer längeren Gruppenarbeit Hinweise des Supervisanden, wie er sich in der Rolle des zu Beratenden gefühlt habe, wichtig sein für die Bereitschaft der übrigen Gruppenmitglieder, selbst einmal einen Fall vorzustellen.

Dank an alle zum Ende der Supervision
Mit dem Dank des Supervisors an den Supervisanden und die Gruppenmitglieder endet die Supervision. Der Supervisor sollte für sich noch vormerken, dass er beim nächsten Treffen der Gruppe dem jetzigen Supervisanden Gelegenheit gibt, darüber zu berichten, ob er eine oder mehrere der Lösungsoptionen in die Tat umgesetzt und zu welchem Ergebnis diese geführt haben.

6.14   Dauer der Supervision

Der zeitliche Rahmen für eine Supervision ist immer auch von dem Thema und den gestellten Fragen abhängig, sollte aber einen Zeitraum von 120 Min. nicht überschreiten, da ansonsten die Aufmerksamkeit und die Disziplin der Teilnehmer nachlässt und oft keine hilfreichen Lösungsoptionen mehr gefunden werden können.

Ablauf einer Supervision

Einen festgelegten und allseits anerkannten Ablauf einer Supervision gibt es nicht. Insofern existieren verschiedene Modelle. Das hier vorgestellte Modell der mediationsanalogen Supervision läuft in verschiedenen Phasen, die streng voneinander getrennt sind, ab und weist Parallelen und Ähnlichkeiten zu den Phasen der Mediation auf. Der Supervisor leitet durch die Supervision und bestimmt, wann eine Phase verlassen und in eine neue eingetreten wird. Die Mitglieder der Beratungsgruppe stellen zu Beginn den von ihnen mitgebrachten Fall kurz vor, sodass eine Auswahl des zu beratenden Falles vorgenommen werden kann. Das Gruppenmitglied, dessen Fall zur Beratung ausgewählt worden ist, nimmt für den Beratungsprozess die Stellung des Supervisanden ein; die übrigen Gruppenmitglieder die Funktion der Beratenden. Die Supervision läuft sodann nach dem in Abb. 6.1 gezeigten Schema ab.

Ablauf einer mediationsanalogen Supervision im Überblick

Formulierung von 2 Fragen

Darstellung des Falls

Nachfragen durch den Supervisor und die Gruppe

Entwicklung von Arbeitshypothesen

Auswahl der Hypothesen

Entwicklung von Lösungsoptionen

Auswahl der Lösungsoptionen

Abschluss

Feedbackrunde

Abb. 6.1   Ablauf einer mediationsanalogen Supervision

Methodenvielfalt in der Supervision 7

Der in Kap. 6 dargestellte Ablauf einer Supervision stellt eine Grundstruktur dar, die insbesondere zu Beginn der Gruppenarbeit sowohl für den Supervisor als auch für die Gruppenmitglieder Orientierung und Sicherheit bieten kann. Er stellt allerdings kein starres Korsett dar, von dem nicht abgewichen werden darf oder kann. Vielmehr sollte der Supervisor auf bestimmte Fallkonstellationen mit unterschiedlichen Methoden reagieren, um so einen maximalen Erfolg der Supervision zu erreichen. Letztlich beugt diese Methodenvielfalt auch einer Ermüdung der Teilnehmer vor, die eintreten könnte, wenn diese über einen langen Zeitraum ihre Fälle nur mit einer Methode supervidieren lassen. Da dieses Buch nicht den Anspruch haben kann und darf, eine Supervisionsausbildung zu ersetzen, sollen hier nur zwei alternative Abläufe einer Supervision dargestellt werden, die den Vorteil haben, nicht gänzlich von der Grundstruktur abzuweichen, sondern in diese integriert werden können.

7.1 Die Blitzlichtsupervision

7.1.1 Einführung

Die Blitzlichtsupervision ist eine verkürzte Variante des Grundmusters der Supervision. Sie kommt in Betracht,

- bei Zeitdruck der Beteiligten: Das für die Gruppensupervision vorgesehene Zeitbudget ist bereits soweit aufgebraucht, dass für eine Beratung nach dem Grundmuster nicht mehr ausreichend Zeit verbleibt.

© Springer Fachmedien Wiesbaden GmbH, ein Teil von Springer Nature 2020
O. Sporré, *Supervision für Mediatorinnen und Mediatoren,* essentials,
https://doi.org/10.1007/978-3-658-30694-6_7

- bei „Überdruss" der Gruppenmitglieder gegenüber dem Grundmuster der Supervision: Die Gruppenmitglieder haben an einem Tag bereits 3 Supervisionen nach dem Grundmuster durchgeführt.
- oder bei sehr einfach gelagerten Fällen: In dem in der Blitzlichtrunde genannten Fall gibt es nur wenige Beteiligte, kein hohes Konfliktpotenzial und der Fallgeber wünscht erkennbar nur zu einem fest umrissenen Punkt eine Supervision.

Gerade das letztgenannte Beispiel kann auch Gefahren bergen, wenn sich hinter einem vermeintlich „leichten Fall" große Herausforderungen auftürmen, die eine Supervision nach dem ausführlichen Grundmuster erfordern.

Beispiel: Nachdem sich die Gruppe auf eine Blitzlichtsupervision verständigt hat, formuliert der Supervisand seine Fragen und stellt den Fall vor. Dabei ergibt sich, dass entgegen der ersten Einschätzung doch mehrere Beteiligte in schwieriger Form interagieren und dem Supervisand erst bei der Fallerzählung die Komplexität des Themas deutlich wird.

Die Entscheidung erfordert mithin vom Supervisor viel Erfahrung und Fingerspitzengefühl. Sollte er während der Beratung feststellen, dass die Blitzlichtsupervision doch nicht für den Fall geeignet ist, hat er dies in der Gruppe zu besprechen und ggf. mit allen, insbesondere aber mit dem Supervisanden, zu vereinbaren, dass in das ausführlichere Grundmuster der Supervision gewechselt wird.

7.1.2 Ablauf einer Blitzlichtsupervision

Die Blitzlichtsupervision beginnt wie in der Grundstruktur damit, dass der Supervisand seinem Fall einen Namen gibt und anschließend zwei Fragen stellt, eine zum Fall und eine zur eigenen Person. Daran schließt sich die Falldarstellung an. Nach der Falldarstellung gibt es entweder keine oder nur eine zeitlich sehr eng bemessene Fragerunde. Dadurch wird die Beratung beschleunigt und die Konzentration auf die Falldarstellung gefördert.

Nennung von Einfällen aller Art zum Fall
Sodann benennt jedes Gruppenmitglied seine Einfälle zu dem geschilderten Fall. Möglich sind dabei alle Formen, zum Beispiel *Assoziationen, Gedanken, Gefühle, Lösungsoptionen*. Ausgangspunkt für die beratenden Gruppenmitglieder ist wieder der Eingangssatz: „Wenn es mein Fall wäre". Je nach dem zur Verfügung stehenden Zeitrahmen lässt der Supervisor pro Teilnehmer einen oder mehrere Einfälle zu.

Der Supervisand sammelt und notiert diese Blitzlichter, wählt die Einfälle aus, welche aus seiner Sicht zu ihm passen und mit denen die von ihm gestellten Fallfragen beantwortet werden könnten.

Anschließend fragt der Supervisor den Supervisanden nach eventuellen Veränderungen bei den von ihm gestellten Fragen und welche Einfälle er davon umsetzen möchte. Sodann folgt die Feedbackrunde.

7.1.3   Wesentliche Unterschiede zum Grundmuster

Der Unterschied zum Grundmuster der Supervision besteht darin, dass hier nicht zwischen den Phasen „Hypothesenbildung" und „Sammeln von Lösungsoptionen" unterschieden wird. Demnach entfällt auch die Auswahl von Hypothesen durch den Supervisanden.

Der Zeitgewinn wird mithin durch eine gewisse Ungenauigkeit bei der Klärung der wesentlichen Aspekte des Falles und durch eine Verkürzung des Klärungsprozesses bei dem Supervisanden „erkauft". Die übrigen Gruppenmitglieder erfahren nicht, welche möglichen Hypothesen den Supervisanden ansprechen und können daher nicht ihre Lösungsoptionen daran ausrichten. Gerade deshalb ist es wichtig, dass der Supervisor zu Beginn der Supervision erkennt, ob der geschilderte Fall für diese Kurzzeitsupervision geeignet ist.

7.2   Die Assoziationsmethode

7.2.1   Einführung

Die Assoziationsmethode stellt – im Gegensatz zur Blitzlichtsupervision – einen *zusätzlichen* Baustein im Ablauf des Supervisionsprozesses dar. Bei dieser Methode teilen die Gruppenmitglieder nach der Falldarstellung spontan bei ihnen aufgetretene *Gefühle, Gedanken und Bilder* dem Supervisanden mit. Sie ist indiziert bei einem sehr diffusen Sachverhalt, wenn die Gruppe überwiegend aus „verkopften" Teilnehmern besteht oder bei einem Fall, der mit starken Emotionen einhergeht. Auch bei einem Sachverhalt, der die Teilnehmer aufgrund seines Inhalts erst einmal überwältigt und keiner so richtig weiß, was er dazu sagen soll, ist die Methode geeignet. Mit den Assoziationen wird der Klärungsprozess beim Supervisanden unterstützt und ggf. Hypothesen und Lösungsoptionen vorbereitet. Der Nachteil eines weiteren Bausteins innerhalb der Supervision ist allerdings, dass diese dadurch verlängert wird und die Aufmerksamkeit der Gruppenmitglieder bei der anschließenden wichtigen Suche nach Lösungsoptionen bereits beeinträchtigt sein kann.

7.2.2 Ablauf der Supervision unter Einschluss der Assoziationsmethode

Die Assoziationsmethode ist *nach* der Falldarstellung und *vor* der Fragerunde verortet. Wichtig ist, dass der Supervisand und die übrigen Teilnehmer darauf vorbereitet sind, dass der Supervisor diese Methode in die Supervision einführt. Deshalb hat der Supervisor seinen Vorschlag dem Supervisanden und der Gruppe vor Beginn der Beratung mitzuteilen, da ansonsten ein Überraschungseffekt eintreten könnte, der dazu führt, dass sich die Teilnehmer mehr mit der Abweichung von der Norm als mit dem Fall beschäftigen. Da Assoziationen zumeist spontan entstehen und nicht ohne weiteres reproduziert werden können, sollten diese unmittelbar nach der Fallerzählung abgefragt werden. Der Supervisand schreibt die genannten Assoziationen auf und teilt der Gruppe am Ende dieser Phase mit, welche ihn ansprechen und welche weniger. Anschließend wird die Supervision mit den Erkenntnissen aus der Assoziationsphase nach dem üblichen Muster fortgesetzt.

Methodenvielfalt in der Supervision

Zur Abwechslung im Beratungsprozess und um auf bestimmte Beratungssituationen einzugehen, kann es empfehlenswert sein, das Grundmuster der Supervision abändernde oder ergänzende Phasen zu verwenden. Die Methode der Blitzlichtsupervision eignet sich für Fälle, die einen eng umgrenzten Beratungsaufwand haben oder wenn für eine Beratung nach dem Grundmuster der Supervision keine ausreichende Zeit mehr bleibt. Die Assoziationsmethode ist ein ergänzender Baustein in der Supervision, um auf diffuse oder stark emotionale Sachverhalte zu reagieren und fragt Gefühle, Emotionen und Bilder ab, die die Teilnehmer nach der Fallschilderung empfinden oder vor ihrem geistigen Auge haben. Durch die gewonnenen Assoziationen wird der Klärungsprozess beim Supervisanden unterstützt. Der Supervisor muss jedoch vor Anwendung dieser Methoden genau prüfen, ob diese in dem speziellen Fall geeignet sind oder die Gruppe verunsichern.

Fazit

Die Beratungsform der Supervision sollte sowohl von zertifizierten als auch nicht zertifizierten Mediatoren umfassend genutzt werden, um bei in Ausbildung und Praxis auftretenden Hindernissen und Herausforderungen zahlreiche und gewinnbringende Hilfestellungen zu erlangen, zum Vorteil der Medianden, aber auch zu ihrem eigenen Nutzen. Für Mediatoren ist die sog. mediationsanaloge Supervision als besondere Ausprägung der Gruppensupervision zu empfehlen, in der Mediatoren ihr berufliches Verhalten gemeinsam reflektieren und wertvolle Lösungsoptionen zu einem in die Gruppe eingebrachten Fall erhalten.

© Springer Fachmedien Wiesbaden GmbH, ein Teil von Springer Nature 2020
O. Sporré, *Supervision für Mediatorinnen und Mediatoren,* essentials,
https://doi.org/10.1007/978-3-658-30694-6_8

Was Sie aus diesem *essential* mitnehmen können

- Die Supervision ist eine geeignete Beratungsform für Mediatoren zur Qualitätssicherung und Qualitätssteigerung.
- Die Supervision kann einzeln, in Teams, in Gruppen oder in Organisationen durchgeführt werden.
- In der Gruppensupervision sind für den Beratungserfolg bestimmte Haltungen der Teilnehmer erforderlich, u. a. der wertschätzende Umgang miteinander und die Akzeptanz der Sichtweise des Supervisanden.
- Die hier vorgestellte mediationsanaloge Supervision eignet sich insbesondere für Mediatoren, da diese nach Phasen abläuft, die denen der Mediation sehr ähnlich und damit allen Teilnehmern vertraut sind.
- Das Grundschema der mediationsanalogen Supervision kann bei Bedarf um weitere Methoden ergänzt werden, um auf bestimmte fallspezifische Umstände reagieren zu können.

Literatur

Belardi, N. (2018). Supervision und Coaching: Grundlagen, Technik, Perspektive.

Greger, R., Unberath, H. (2016). *Recht der alternativen Konfliktlösung: Mediationsgesetz, Verbraucherstreitbeilegungsgesetz*, München: Beck.

Kaldenkerken v., C (2014). *Supervision und Intervision in der Mediation, Einführung – Methoden – Anleitungen*, Frankfurt a. M.: Metzner.

Schibli, S., Supersaxo, K. (2009). *Einführung in die Supervision*, Göttingen: Haupt Berne.

Schlee, J. (2019). *Kollegiale Beratung und Supervision für pädagogische Berufe*. Stuttgart: Kohlhammer.

Thomsen, C.-S., Krabbe, H. (2013). Überlegungen zur Supervision bei Mediatoren. *Zeitschrift für Konfliktmanagement*, 115–119.

Thomsen, C.-S., Krabbe, H. (2012). Die mediationsanaloge Supervision – ein Überblick. *Schleswig-Holstein Archiv*, 82-84.

Tietze, K.-O. (2013). *Kollegiale Beratung – Problemlösungen gemeinsam entwickeln*. Hamburg: Rowohlt.

Stefan Kracht
André Niedostadek
Patrick Sensburg *Hrsg.*

Praxishandbuch Professionelle Mediation

Methoden, Tools, Marketing und Arbeitsfelder

Printed in the United States
By Bookmasters